EXORTAÇÃO APOSTÓLICA

EVANGELII NUNTIANDI

DO SUMO PONTÍFICE
PAULO VI
AO EPISCOPADO, AO CLERO
AOS FIÉIS DE TODA A IGREJA
SOBRE A EVANGELIZAÇÃO
NO MUNDO CONTEMPORÂNEO

EXORTAÇÃO APOSTÓLICA
EVANGELII NUNTIANDI
DO SUMO PONTÍFICE
PAULO VI
AO EPISCOPADO, AO CLERO
AOS FIÉIS DE TODA A IGREJA
SOBRE A EVANGELIZAÇÃO
NO MUNDO CONTEMPORÂNEO

Paulinas

22ª edição – 2011
8ª reimpressão – 2024

Nenhuma parte desta obra poderá ser reproduzida ou transmitida por qualquer forma e/ou quaisquer meios (eletrônico ou mecânico, incluindo fotocópia e gravação) ou arquivada em qualquer sistema ou banco de dados sem permissão escrita da Editora. Direitos reservados.

Cadastre-se e receba nossas informações
paulinas.com.br
Telemarketing e SAC: 0800-7010081

Paulinas
Rua Dona Inácia Uchoa, 62
04110-020 – São Paulo – SP (Brasil)
📞 (11) 2125-3500
✉ editora@paulinas.com.br

© Pia Sociedade Filhas de São Paulo – São Paulo, 1976

Veneráveis irmãos e diletos filhos
saúde e bênção apostólica

INTRODUÇÃO

1. O empenho em anunciar o Evangelho aos homens do nosso tempo, animados pela esperança, mas ao mesmo tempo torturados muitas vezes pelo medo e pela angústia, é sem dúvida alguma um serviço prestado à comunidade dos cristãos, bem como a toda a humanidade.

   É por isso que a tarefa de confirmar os irmãos, que nós recebemos do Senhor com o múnus de sucessor de Pedro[1] e que constitui para nós "cada dia um cuidado solícito",[2] um programa de vida e de atividade e um empenho fundamental do nosso pontificado, tal tarefa se nos afigura ainda mais nobre e necessária quando se trata de reconfortar os nossos irmãos na missão de evangelizadores, a fim de que, nestes tempos de incerteza e de desorientação, eles a desempenhem cada vez com mais amor, zelo e alegria.

1. Cf. Lc 22,23.
2. 2Cor 11,28.

Evocação de três acontecimentos

2. E é precisamente isso que nós tencionamos fazer agora, *no final deste Ano Santo,* no decorrer do qual a Igreja, ao "procurar infatigavelmente anunciar o Evangelho a todos os homens",[3] outra coisa não quis senão desempenhar-se do seu ofício de mensageira da Boa Nova de Jesus Cristo, proclamada em base a dois lemas fundamentais: "Revesti-vos do homem novo",[4] e "Reconciliai-vos com Deus".[5]

Queremos fazer isso, também, *neste décimo aniversário de encerramento do Concílio Vaticano II,* cujos objetivos se resumem em última análise, num só intento: tornar a Igreja do século XX mais apta ainda para anunciar o Evangelho à humanidade do mesmo século XX.

Queremos fazer isso, também, ainda, *um ano depois da III Assembléia Geral do Sínodo dos Bispos,* dedicado — como se sabe — à evangelização; e fazemo-lo também porque isso nos foi solicitado pelos próprios Padres sinodais. Efetivamente, ao concluir-se essa memorável Assembléia, eles decidiram confiar ao Pastor da Igreja universal, com grande confiança e simplicidade, o fruto de todo o seu labor, declarando que esperavam do Papa um impulso

3. II Conc. Ecum. do Vaticano, Decr. sobre a Atividade Missionária da Igreja, *Ad Gentes,* n. 1: *AAS* 58 (1966) p. 947.
4. Cf. Ef 4,24; 2,15; Cl 3,10; Gl 3,27; Rm 13,14; 2Cor 5,17.
5. 2Cor 5,20.

novo, capaz de suscitar, numa Igreja ainda mais arraigada na força e na potência imorredouras do Pentecostes, tempos novos de evangelização.[6]

Tema muitas vezes realçado
no decorrer do nosso pontificado

3. Quanto a este tema da evangelização, nós tivemos oportunidade, em diversas ocasiões, de realçar a sua importância, muito antes das jornadas do Sínodo. "As condições da sociedade — tivemos ocasião de dizer ao Sacro Colégio dos Cardeais, a 22 de junho de 1973 — obrigam-nos a todos a rever os métodos, a procurar, por todos os meios ao alcance, e a estudar o modo de fazer chegar ao homem moderno a mensagem cristã, na qual somente ele poderá encontrar a resposta às suas interrogações e a força para a sua aplicação de solidariedade humana."[7] E acrescentávamos na mesma altura que, para dar uma resposta válida às exigências do Concílio que nos interpelam, é absolutamente indispensável colocar-nos bem diante dos olhos um patrimônio de fé que a Igreja tem o dever de preservar na sua pureza intangível, ao mesmo tempo que o dever também de

6. Cf. PAULO VI, Discurso por ocasião do encerramento da III Assembléia Geral do Sínodo dos Bispos (26 de outubro de 1974): *AAS* 66 (1974), pp. 634-635, 637.

7. PAULO VI, Discurso ao Sacro Colégio dos Cardeais (22 de junho de 1973): *AAS* 65 (1973), p. 383.

o apresentar aos homens do nosso tempo, tanto quanto isso é possível, de maneira compreensível e persuasiva.

Na linha do Sínodo de 1974

4. Esta fidelidade a uma mensagem da qual nós somos os servidores, e às pessoas a quem nós a devemos transmitir intata e viva, constitui o eixo central da evangelização. Ela levanta três problemas candentes, que o Sínodo dos Bispos de 1974 teve constantemente diante dos olhos:

— O que é que é feito, em nossos dias, daquela energia escondida da Boa Nova, suscetível de impressionar profundamente a consciência dos homens?

— Até que ponto e como é que essa força evangélica está em condições de transformar verdadeiramente o homem deste nosso século?

— Quais os métodos que se deverão seguir para proclamar o Evangelho de modo a que a sua potência possa ser eficaz?

Tais perguntas, no fundo, exprimem o problema fundamental que a Igreja hoje põe a si mesma e que nós poderíamos equacionar assim: Após o Concílio e graças ao Concílio, que foi para ela uma hora de Deus nesta viragem da história, encontrar-se-á a Igreja mais apta para anunciar o Evangelho e para o infundir no coração dos homens, com convicção, liberdade de espírito e eficácia? Sim ou não?

Convite à reflexão

5.   Todos nós vemos a urgência em dar a esta pergunta uma resposta leal, humilde, corajosa e, depois, agir conseqüentemente.

Com o nosso "cuidado solícito de todas as Igrejas",[8] nós desejaríamos ajudar os nossos Irmãos e Filhos a responder a tais interpelações. Oxalá que as nossas palavras, que intentam ser *uma reflexão sobre a evangelização,* a partir das riquezas do Sínodo, possam levar à mesma reflexão todo o povo de Deus congregado na Igreja, e vir a ser um impulso novo para todos, especialmente para aqueles "que se afadigam na pregação e no ensino",[9] a fim de que cada um deles seja "um operário que distribui retamente a Palavra da verdade"[10] e realize obra de pregador do Evangelho e se desempenhe com perfeição do próprio ministério.

Pareceu-nos de capital importância uma Exortação deste gênero, porque a apresentação da mensagem evangélica não é para a Igreja uma contribuição facultativa: é um dever que lhe incumbe, por mandato do Senhor Jesus, a fim de que os homens possam acreditar e ser salvos. Sim, esta mensagem é necessária; ela é única e não poderia ser substituída. Assim, ela não admite indiferença nem sincretismo, nem

8. 2Cor 11,28.
9. 1Tm 5,17.
10. 2Tm 2,15.

acomodação. É a salvação dos homens que está em causa; é a beleza da Revelação que ela representa; depois, ela comporta uma sabedoria que não é deste mundo. Ela é capaz, por si mesma, de suscitar a fé, uma fé que se apóia na potência de Deus.[11] Enfim, ela é a Verdade. Por isso, bem merece que o apóstolo lhe consagre todo o seu tempo, todas as suas energias e lhe sacrifique, se for necessário, a sua própria vida.

11. Cf. 1Cor 2,5.

I
DE CRISTO EVANGELIZADOR
A UMA IGREJA EVANGELIZADORA

Testemunho e missão de Jesus

6. O testemunho que o Senhor dá de si mesmo e que São Lucas recolheu no seu Evangelho — "Eu devo anunciar a Boa Nova do Reino de Deus"[12] — tem, sem dúvida nenhuma, uma grande importância, porque define, numa frase apenas, toda a missão de Jesus: "Para isso é que fui enviado".[13] Estas palavras assumem o seu significado pleno se se confrontam com os versículos anteriores, nos quais Cristo tinha aplicado a si próprio as palavras do profeta Isaías: "O Espírito do Senhor está sobre mim, porque me conferiu a unção; a anunciar a Boa Nova aos pobres me enviou".[14]

Andar de cidade em cidade a proclamar, sobretudo aos mais pobres, e muitas vezes os mais bem

12. Lc 4,43.
13. *Ibidem.*
14. Lc 4,18; cf. Is 61,1.

dispostos para o acolher, o alegre anúncio da realização das promessas e da aliança feitas por Deus, tal é a missão para a qual Jesus declara ter sido enviado pelo Pai. E todos os aspectos do seu mistério — a começar da própria encarnação, passando pelos milagres, pela doutrina, pela convocação dos discípulos e pela escolha e envio dos doze, pela cruz, até a ressurreição e à permanência da sua presença no meio dos seus — fazem parte da sua atividade evangelizadora.

Jesus, o primeiro evangelizador

7.   No decorrer do Sínodo, muitas vezes os Bispos lembraram esta verdade: o próprio Jesus, "Evangelho de Deus",[15] foi o primeiro e o maior dos evangelizadores. Ele foi isso mesmo até o fim, até a perfeição, até o sacrifício da sua vida terrena.

Evangelizar: Qual o significado que teve para Cristo este imperativo? Não é fácil certamente exprimir, numa síntese completa, o sentido, o conteúdo e os modos da evangelização, tal como Jesus a concebia e a pôs em prática. De resto, uma tal síntese jamais será uma coisa perfeitamente acabada. Aqui, bastar-nos-á recordar alguns dos aspectos essenciais.

---

15. Cf. Mc 1,1; Rm 1,1-3.

O anúncio do reino de Deus

8.   Como evangelizador, Cristo anuncia em primeiro lugar um reino, o reino de Deus, de tal maneira importante que, em comparação com ele, tudo o mais passa a ser "o resto", que é "dado por acréscimo".[16] Só o reino, por conseguinte, é absoluto, e faz com que se torne relativo tudo o mais que não se identifica com ele. O Senhor comprazer-se-ia em descrever, sob muitíssimas formas diversas: a felicidade de fazer parte deste reino, felicidade paradoxal, feita de coisas que o mundo aborrece;[17] as exigências do reino e a sua carta magna;[18] os arautos do reino;[19] os seus mistérios;[20] os seus filhos;[21] a vigilância e a fidelidade que se exigem daqueles que esperam o seu advento definitivo.[22]

O anúncio da salvacão libertadora

9.   Como núcleo e centro da sua Boa Nova, Cristo anuncia a salvação, esse grande dom de Deus que é libertação de tudo aquilo que oprime o homem, e

16. Cf. Mt 6,33.
17. Cf. Mt 5,3-12.
18. Cf. Mt 5-7.
19. Cf. Mt 10.
20. Cf. Mt 13.
21. Cf. Mt 18.
22. Cf. Mt 24-25.

que é libertação sobretudo do pecado e do maligno, na alegria de conhecer a Deus e de ser por ele conhecido, de o ver e de se entregar a ele. Tudo isto começa durante a vida do mesmo Cristo e é definitivamente alcançado pela sua morte e ressurreição; mas deve ser desenvolvido, pacientemente, no decorrer da história, para vir a ser plenamente realizado no dia da última vinda de Cristo, que ninguém, a não ser o Pai, sabe quando se realizará.[23]

À custa de um esforço de conversão

10. Este reino e esta salvação, palavras-chave da evangelização de Jesus Cristo, todos os homens os podem receber como graça e misericórdia; e no entanto, cada um dos homens deve conquistá-los pela força — os violentos apoderam-se dele, diz o Senhor[24] — pelo trabalho e pelo sofrimento, por uma vida em conformidade com o Evangelho, pela renúncia e pela cruz, enfim pelo espírito das bemaventuranças. Mas, antes de mais nada, cada um dos homens os conquistará mediante uma total transformação do seu interior que o Evangelho designa com a palavra "metanóia", uma conversão radical, uma modificação profunda da meneira de ver e do coração.[25]

23. Cf. Mt 24,36; At 1,7; 1Ts 5,1-2.
24. Cf. Mt 11,12; Lc 16,16.
25. Cf. Mt 4,17.

Pregação infatigável

11. Cristo realiza esta proclamação do reino de Deus por meio da pregação infatigável de uma palavra da qual se diria que não tem nenhuma outra igual em parte alguma: "Eis uma doutrina nova, ensinada com autoridade!"[26] "Todos o elogiavam e admiravam-se das palavras cheias de graça que saiam da sua boca";[27] "Jamais alguém falou como este homem".[28] As suas palavras desvendavam o segredo de Deus, o seu desígnio e a sua promessa, e modificavam por isso mesmo o coração dos homens e o seu destino.

Também com sinais

12. Mas ele realiza igualmente esta proclamação com sinais inumeráveis que provocam a estupefação das multidões e, ao mesmo tempo, as arrastam para junto dele, para o ver, para o escutar e para se deixarem transformar por ele: enfermos curados, água transformada em vinho, pão multiplicado e mortos que tornam à vida. Entre todos os demais, há um sinal a que ele reconhece uma grande importância: os pequeninos, os pobres são evangelizados, tornam-se seus discípulos, reúnem-se "em seu nome" na gran-

26. Mc 1,27.
27. Lc 4,22.
28. Jo 7,46.

de comunidade daqueles que acreditam nele. Efetivamente, aquele Jesus que declarava — "Eu devo anunciar a Boa Nova do reino de Deus"[29] — é o mesmo Jesus do qual o evangelista São João dizia que tinha vindo e devia morrer "para reunir os filhos de Deus que andavam dispersos".[30] Assim aperfeiçoou ele a sua revelação, completando-a e confirmando-a com toda a manifestação da sua pessoa, com palavras e obras, com sinais e milagres, e sobretudo com a sua morte e com a sua ressurreição e com o envio do Espírito de verdade.[31]

**Para uma comunidade
evangelizada e evangelizadora**

13. Aqueles que acolhem com sinceridade a Boa Nova, por virtude desse acolhimento e da fé compartilhada, reúnem-se portanto em nome de Jesus para conjuntamente buscarem o reino, para o edificar e para o viver. Eles constituem uma comunidade também ela evangelizadora. A ordem dada aos doze — "Ide, pregai a Boa Nova" — continua a ser válida, se bem que de maneira diferente, também para todos os cristãos. É precisamente por isso que São Pedro chama a estes últimos "povo trazido à salvação para

29. Lc 4,43.
30. Jo 11,52.
31. Cf. II Conc. Ecum. do Vaticano, Const. dogmática sobre a Revelação Divina, *Dei Verbum,* n. 4: *AAS* 58 (1966), pp. 818-819.

tornar conhecidas as maravilhas" de Deus[32] , aquelas mesmas maravilhas que cada um pôde alguma vez escutar na sua própria língua.[33] A Boa Nova do reino que vem e que já começou, de resto, é para todos os homens de todos os tempos. Aqueles que a receberam, aqueles que ela congrega na comunidade da salvação, podem e devem comunicá-la e difundi-la ulteriormente.

Evangelização, vocação própria da Igreja

14. A Igreja sabe-o bem, ela tem a consciência viva de que a palavra do Salvador — "Eu devo anunciar a Boa Nova do reino de Deus"[34] — se lhe aplica com toda a verdade. Assim, ela acrescenta de bom grado com São Paulo: "Não tenho, de fato, de que gloriar-me se eu anuncio o Evangelho; é um dever este que me incumbe, e ai de mim, se eu não pregasse".[35] Foi com alegria e reconforto que nós ouvimos, no final da grande assembléia de outubro de 1974, estas luminosas palavras: "Nós queremos confirmar, uma vez mais ainda, que a tarefa de evangelizar todos os homens constitui a missão essencial da Igreja";[36] tarefa e missão, que as amplas e profundas

32. 1Pd 2,9.

33. Cf. At 2,11.

34. Lc 4,43.

35. 1Cor 9,16.

36. Cf. Declaração dos Padres Sinodais, n. 4: *L'Osservatore Romano,* ed. 27 de outubro de 1974, p. 6.

mudanças da sociedade atual tornam ainda mais urgentes. Evangelizar constitui, de fato, a graça e a vocação própria da Igreja, a sua mais profunda identidade. Ela existe para evangelizar, ou seja, para pregar e ensinar, ser o canal do dom da graça, reconciliar os pecadores com Deus e perpetuar o sacrifício de Cristo na santa missa, que é o memorial da sua morte e gloriosa ressurreição.

Laços recíprocos entre a Igreja e a evangelização

15. Quem quer que releia no Novo Testamento as origens da Igreja e queira acompanhar passo a passo a sua história e, enfim, a examine em sua vida e ação, verá que ela se acha vinculada à evangelização naquilo que ela tem de mais íntimo.

— A Igreja nasce da ação evangelizadora de Jesus e dos doze. Ela é o fruto normal, querido, o mais imediato e o mais visível dessa evangelização: "Ide, pois, ensinai todas as gentes".[37] Ora "aqueles que acolheram a Palavra foram batizados, e naquele dia agregaram-se a eles umas três mil pessoas... E o Senhor ia aumentando todos os dias os que eram salvos".[38]

— Nascida da missão, pois, a Igreja é por sua vez enviada por Jesus, a Igreja fica no mundo quan-

37. Mt 28,19.
38. At 2,41.47.

do o Senhor da glória volta para o Pai. Ela fica aí como um sinal, a um tempo opaco e luminoso, de uma nova presença de Jesus, sacramento da sua partida e da sua permanência. Ela prolonga-o e continua-o. Ora, é exatamente toda a sua missão e a sua condição de evangelizador, antes de mais nada, que ela é chamada a continuar.[39] A comunidade dos cristãos, realmente, nunca é algo fechado sobre si mesmo. Nela, a vida íntima — vida de oração, ouvir a Palavra e o ensino dos apóstolos, caridade fraterna vivida e fração do pão[40] — não adquire todo o seu sentido senão quando ela se torna testemunha, a provocar a admiração e a conversão e se desenvolve na pregação e no anúncio da Boa Nova. Assim, é a Igreja toda que recebe a missão de evangelizar, e a atividade de cada um é importante para o todo.

— Evangelizadora como é, a Igreja começa por se evangelizar a si mesma. Comunidade de crentes, comunidade de esperança vivida e comunicada, comunidade de amor fraterno, ela tem necessidade de ouvir sem cessar aquilo que ela deve acreditar, as razões da sua esperança e o mandamento novo do amor. Povo de Deus imerso no mundo, e não raro tentado pelos ídolos, ela precisa ouvir, incessantemente, proclamar as grandes obras de Deus,[41] que a

39. Cf. II Conc. Ecum. do Vaticano, Const. dogmática sobre a Igreja, *Lumen Gentium*, n. 8: *AAS* 57. (1965), p. 11; Decr. sobre a Atividade Missionária da Igreja, *Ad Gentes*, n. 5: *AAS* 58 (1966), pp. 951-952.

40. Cf. At 2,42-46; 4,32-35; 5,12-16.

41. Cf. 1Pd 2,9; At 2,11.

converteram para o Senhor; precisa sempre ser convocada e reunida de novo por ele. É o mesmo que dizer, numa palavra, que ela tem sempre necessidade de ser evangelizada, se quiser conservar vigor, alento e força para anunciar o Evangelho. O Concílio Vaticano II recordou e depois o Sínodo de 1974[42] retomou com vigor este mesmo tema: a Igreja que se evangeliza por uma conversão e uma renovação constantes, a fim de evangelizar o mundo com credibilidade.

— A Igreja é depositária da Boa Nova que há de ser anunciada. As promessas da nova aliança em Jesus Cristo, os ensinamentos do Senhor e dos apóstolos, a Palavra da vida, as fontes da graça e da benignidade de Deus, o caminho da salvação, tudo isso lhe foi confiado. É o conteúdo do Evangelho e, por conseguinte, da evangelização, que ela guarda como um depósito vivo e precioso, não para manter escondido, mas sim para o comunicar.

— Enviada e evangelizadora, a Igreja envia também ela própria evangelizadores. É ela que coloca em seus lábios a Palavra que salva, que lhes explica a mensagem de que ela mesma é depositária, que lhes confere o mandato que ela própria recebeu e que, enfim, os envia a pregar. E a pregar, não as suas próprias pessoas ou as suas idéias pessoais,[43]

42. Cf. Decr. sobre a Atividade Missionária da Igreja, *Ad Gentes*, nn. 5, 11-12; *AAS* 58 (1966), pp. 951-952, 959-961.

43. Cf. 2Cor 4,5; S. AGOSTINHO, *Sermo* XLVI, de *Pastoribus: C.C.L.* XLI, 529-530.

mas sim um Evangelho do qual nem eles nem ela são senhores e proprietários absolutos, para dele disporem a seu bel-prazer, mas de que são os ministros para o transmitir com a máxima fidelidade.

A Igreja inseparável de Cristo

16. Existe, portanto, uma ligação profunda entre Cristo, a Igreja e a evangelização. Durante este "tempo da Igreja" é ela que tem a tarefa de evangelizar. E essa tarefa não se realiza sem ela e, menos ainda, contra ela.

Convém recordar aqui, de passagem, momentos em que acontece nós ouvirmos, não sem mágoa, algumas pessoas — cremos bem intencionadas, mas com certeza desorientadas no seu espírito — a repetir que pretendem amar a Cristo mas sem a Igreja, ouvir a Cristo mas não a Igreja, ser de Cristo mas fora da Igreja. O absurdo de uma semelhante dicotomia aparece com nitidez nesta palavra do Evangelho: "Quem vos rejeita é a mim que rejeita".[44] E como se poderia querer amar Cristo sem amar a Igreja, uma vez que o mais belo testemunho dado de Cristo é o que São Paulo exarou nestes termos: "Ele amou a Igreja e entregou-se a si mesmo por ela"?[45]

---

44. Lc 10,16; cf. S. CIPRIANO, *De unitate Ecclesiae* 14: *PL* 4, 527; S. AGOSTINHO, *Enarrat.* 88, *Sermo,* 2, 14: *PL* 37, 1140; S. JOÃO CRISÓSTOMO, *Hom. de capto Eutropio,* 6: *PG* 52, 402.

45. Ef 5,25.

II

O QUE É EVANGELIZAR?

Complexidade da ação evangelizadora

17. Na ação evangelizadora da Igreja há certamente elementos e aspectos que se devem lembrar. Alguns deles são de tal maneira importantes que se verifica a tendência para os identificar simplesmente com a evangelização. Pode-se assim definir a evangelização em termos de anúncio de Cristo àqueles que o desconhecem, de pregação, de catequese, de batismo e de outros sacramentos que hão de ser conferidos.

Nenhuma definição parcial e fragmentária, porém, chegará a dar a razão da realidade rica, complexa e dinâmica que é a evangelização, a não ser com o risco de a empobrecer e até mesmo de a mutilar. É impossível captá-la se não se procurar abranger com uma visão de conjunto todos os seus elementos essenciais.

Tais elementos, acentuados com insistência no decorrer do mencionado Sínodo, são ainda agora aprofundados muitas vezes, sob a influência do trabalho sinodal. E nós regozijamo-nos pelo fato de eles se situarem, no fundo, na linha daqueles que o Concílio Vaticano II nos proporcionou, sobretudo nas Constituições *Lumen Gentium* e *Gaudium et Spes* e no Decreto *Ad Gentes*.

Renovação da humanidade

18.   Evangelizar, para a Igreja, é levar a Boa Nova a todas as parcelas da humanidade, em qualquer meio e latitude, e pelo seu influxo transformá-las a partir de dentro e tornar nova a própria humanidade: "Eis que faço novas todas as coisas".[46] No entanto não haverá humanidade nova, se não houver em primeiro lugar homens novos, pela novidade do batismo[47] e da vida segundo o Evangelho.[48] A finalidade da evangelização, portanto, é precisamente esta mudança interior; e se fosse necessário traduzir isso em breves termos o mais exato seria dizer que a Igreja evangeliza quando, unicamente firmada na potência divina da mensagem que proclama,[49] ela procura converter ao mesmo tempo a consciência pessoal e coletiva dos homens, a atividade em que eles se aplicam, e a vida e o meio concreto que lhes são próprios.

46. Ap 21,5; 2Cor 5,17; Gl 6,15.
47. Rm 6,4.
48. Cf. Ef 4,23-24; Cl 3,9-10.
49. Cf. Rm 1,16; 1Cor 1,18; 2,4.

Estratos da humanidade

19. Estratos da humanidade que se transformam: para a Igreja não se trata tanto de pregar o Evangelho a espaços geográficos cada vez mais vastos ou populações maiores em dimensões de massa, mas de chegar a atingir e como que a modificar pela força do Evangelho os critérios de julgar, os valores que contam, os centros de interesse, as linhas de pensamento, as fontes inspiradoras e os modelos de vida da humanidade, que se apresentam em contraste com a Palavra de Deus e com o desígnio da salvação.

Evangelização das culturas

20. Poder-se-ia exprimir tudo isto dizendo: importa evangelizar — não de maneira decorativa, como que aplicando um verniz superficial, mas de maneira vital, em profundidade e isto até às suas raízes — a cultura e as culturas do homem, no sentido pleno e amplo que estes termos têm na Constituição *Gaudium et Spes,*[50] a partir sempre da pessoa e fazendo continuamente apelo para as relações das pessoas entre si e com Deus.

O Evangelho, e conseqüentemente a evangelização, não se identificam por certo com a cultura, e são independentes em relação a todas as culturas. E

50. Cf. n. 53: *AAS* 58 (1966), p. 1075.

no entanto, o reino que o Evangelho anuncia é vivido por homens profundamente ligados a uma determinada cultura, e a edificação do reino não pode deixar de servir-se de elementos da cultura e das culturas humanas. O Evangelho e a evangelização independentes em relação às culturas, não são necessariamente incompatíveis com elas, mas suscetíveis de as impregnar a todas sem se escravizar a nenhuma delas.

A ruptura entre o Evangelho e a cultura é sem dúvida o drama da nossa época, como o foi também de outras épocas. Assim, importa envidar todos os esforços no sentido de uma generosa evangelização da cultura, ou mais exatamente das culturas. Estas devem ser regeneradas mediante o impacto da Boa Nova. Mas um tal encontro não virá a dar-se se a Boa Nova não for proclamada.

Importância primordial do testemunho da vida

21.   E esta Boa Nova há de ser proclamada, antes de mais, pelo testemunho. Suponhamos um cristão ou grupo de cristãos que, no seio da comunidade humana em que vivem, manifestam a sua capacidade de compreensão e de acolhimento, a sua comunhão de vida e de destino com os demais, a sua solidariedade nos esforços de todos para tudo aquilo que é nobre e bom. Assim, eles irradiam, de modo absolutamente simples e espontâneo, a sua fé em valores

que estão para além dos valores correntes, e a sua esperança em qualquer coisa que se não vê e que não se seria capaz sequer de imaginar. Por força deste testemunho sem palavras, estes cristãos fazem aflorar no coração daqueles que os vêem viver, perguntas indeclináveis: Por que é que eles são assim? Por que é que eles vivem daquela maneira? O que é — ou quem é — que os inspira? Por que é que eles estão conosco?

Pois bem: um semelhante testemunho constitui já proclamação silenciosa, mas muito valorosa e eficaz da Boa Nova. Nisso há já um gesto inicial de evangelização. Daí as perguntas que talvez sejam as primeiras que se põem muitos não-cristãos, quer se trate de pessoas às quais Cristo nunca tinha sido anunciado, ou de batizados não praticantes, ou de pessoas que vivem em cristandades, mas segundo princípios que não são nada cristãos. Quer se trate, enfim, de pessoas em atitudes de procurar, não sem sofrimento, alguma coisa ou Alguém que elas adivinham, sem conseguir dar-lhe o verdadeiro nome. E outras perguntas surgirão, depois, mais profundas e mais de molde a ditar um compromisso, provocadas pelo testemunho aludido, que comporta presença, participação e solidariedade e que é um elemento essencial, geralmente o primeiro de todos, na evangelização.[51]

51. Cf. TERTULIANO, *Apologeticum,* 39: *C.C.L.,* I, pp. 150-153; MINÚCIO FÉLIX, *Octavius,* 9, 31: *C.S.L.P.,* Torino 1963, pp. 11-13, 47-48.

Todos os cristãos são chamados a dar este testemunho e podem ser, sob este aspecto, verdadeiros evangelizadores. E aqui pensamos de modo especial na responsabilidade que se origina para os migrantes nos países que os recebem.

Necessidade de um anúncio explícito

22. Entretanto isto permanecerá sempre insuficiente, pois ainda o mais belo testemunho virá a demonstrar-se, com o andar do tempo, impotente, se ele não vier a ser esclarecido, justificado — aquilo que São Pedro chamava dar "a razão da própria esperança"[52] — explicitado por um anúncio claro e inelutável do Senhor Jesus. Por conseguinte, a Boa Nova proclamada pelo testemunho da vida deverá, mais tarde ou mais cedo, ser proclamada pela palavra da vida. Não haverá nunca evangelização verdadeira se o nome, a doutrina, a vida, as promessas, o reino, o mistério de Jesus de Nazaré, Filho de Deus, não forem anunciados.

A história da Igreja, a partir da pregação de Pedro na manhã do Pentecostes, identifica-se e confunde-se com a história de tal anúncio. Em cada nova fase da história humana, a Igreja, constantemente estimulada pelo desejo de evangelizar, não tem senão uma preocupação instigadora: Quem enviar a anun-

52. 1Pd 3,15.

ciar o mistério de Jesus? Com que linguagem anunciar um tal mistério? Como fazer para que ele ressoe e chegue a todos aqueles que hão de ouvi-lo? Este anúncio — kerigma, pregação ou catequese — ocupa um tal lugar na evangelização que, com freqüência, se tornou sinônimo dela. No entanto, ele não é senão um aspecto da evangelização.

**Para uma adesão vital
numa comunidade eclesial**

23. O anúncio, de fato, não adquire toda a sua dimensão, senão quando ele for ouvido, acolhido, assimilado e quando ele tiver feito brotar, naquele que assim o tiver recebido, uma adesão do coração. Sim, adesão às verdades que o Senhor, por misericórdia, revelou. Mais ainda, adesão ao programa de vida — vida doravante transformada — que ele propõe; adesão, numa palavra, ao reino, que o mesmo é dizer, ao "mundo novo", ao novo estado de coisas, à nova maneira de ser, de viver, de estar junto com os outros, que o Evangelho inaugura. Uma tal adesão, que não pode permanecer abstrata e desencarnada, manifesta-se concretamente por uma entrada visível numa comunidade de fiéis.

Assim, aqueles cuja vida se transformou ingressam, portanto, numa comunidade que também ela própria é sinal da transformação e sinal da novidade de vida: é a Igreja, sacramento visível da salvação.[53] Mas, a entrada na comunidade eclesial por sua vez, há de exprimir-se através de muitos outros sinais, que prolongam e desenvolvem o sinal da Igreja. No dinamismo da evangelização, aquele que acolhe o Evangelho como Palavra que salva,[54] normalmente, o traduz depois nestas atitudes sacramentais: adesão à Igreja, aceitação dos sacramentos que manifestam e sustentam essa adesão, pela graça que eles conferem.

Causa de um novo apostolado

24. Finalmente, aquele que foi evangelizado, por sua vez, evangeliza. Está nisso o teste de verdade, a pedra-de-toque da evangelização: não se pode conceber uma pessoa que tenha acolhido a Palavra e se tenha entregado ao reino sem se tornar alguém que testemunha e, por seu turno, anuncia essa Palavra.

Ao terminar estas considerações sobre o sentido da evangelização, importa formular uma última observação, que consideramos esclarecedora para as reflexões que se seguem.

53. Cf. II Conc. Ecum. do Vaticano, Const. dogmática sobre a Igreja, *Lumen Gentium,* nn. 1, 9, 48: *AAS* 57 (1965), pp. 5, 12-14, 53-54; Const. pastoral sobre a Igreja no mundo contemporâneo, *Gaudium et Spes,* nn. 42, 45: *AAS* 58 (1966), pp. 1060-1061, 1065-1066; Decr. sobre a Atividade Missionária da Igreja, *Ad Gentes,* nn. 1, 5: *AAS* 58 (1966), pp. 947, 951-952.
54. Cf. Rm 1,16; 1Cor 1,18.

A evangelização, por tudo o que dissemos é uma diligência complexa, em que há variados elementos: renovação da humanidade, testemunho, anúncio explícito, adesão do coração, entrada na comunidade, aceitação dos sinais e iniciativas de apostolado.

Estes elementos, na aparência, podem afigurar-se contrastantes. Na realidade, porém, eles são complementares e reciprocamente enriquecedores uns dos outros. É necessário encarar sempre cada um deles na sua integração com os demais. Um dos méritos do recente Sínodo foi precisamente o de nos ter repetido constantemente o convite para unificar estes mesmos elementos, e não fazer com que se oponham entre si, a fim de se ter a plena compreensão da atividade evangelizadora da Igreja.

É esta visão global que nós intentamos apresentar seguidamente, examinando o conteúdo da evangelização, os meios para evangelizar e precisando a quem se destina o anúncio evangélico e a quem é que incumbe hoje esta tarefa de evangelizar.

III
O CONTEÚDO DA EVANGELIZAÇÃO

Conteúdo essencial e elementos secundários

25.   Na mensagem que a Igreja anuncia, há certamente muitos elementos secundários. A sua apresentação depende, em larga escala, das circunstâncias mutáveis. Também eles mudam. Entretanto, permanece sempre o conteúdo essencial, a substância viva, que não se poderia modificar nem deixar em silêncio sem desvirtuar gravemente a própria evangelização.

Testemunho dado do amor do Pai

26.   Não é supérfluo, talvez, recordar o seguinte: evangelizar é, em primeiro lugar, dar testemunho, de maneira simples e direta, de Deus revelado por Jesus Cristo, no Espírito Santo. Dar testemunho de que no seu Filho ele amou o mundo; de que no seu Verbo Encarnado ele deu o ser a todas as coisas e chamou os homens para a vida eterna. Esta atestação de Deus proporcionará, para muitos talvez, o Deus desconhe-

cido,[55] que eles adoram sem lhe dar um nome, ou que eles procuram por força de um apelo secreto do coração quando fazem a experiência da vacuidade de todos os ídolos. Mas ela é plenamente evangelizadora, ao manifestar que para o homem, o Criador já não é uma potência anônima e longínqua: ele é Pai. "... Sinal de amor nos deu o Pai em nos chamarmos, como de fato somos, filhos de Deus";[56] e portanto, nós somos irmãos uns dos outros em Deus.

No centro da mensagem: a salvação em Jesus Cristo

27. A evangelização há de conter também sempre — ao mesmo tempo como base, centro e ápice do seu dinamismo — uma proclamação clara que, em Jesus Cristo, Filho de Deus feito homem, morto e ressuscitado, a salvação é oferecida a todos os homens, como dom da graça e da misericórdia do mesmo Deus.[57]

E não já uma salvação imanente ao mundo, limitada às necessidades materiais ou mesmo espirituais, e que se exaurisse no âmbito da existência

55. Cf. At 17,22-23.
56. 1Jo 3,1; cf. Rm 8,14-17.
57. Cf. Ef 2,8; Rm 1,16. Cf. Sagrada Congregação para a Doutrina da Fé, *Declaração para salvaguardar de alguns erros recentes a fé nos mistérios da Encarnação e da Santíssima Trindade* (de 21 de fevereiro de 1972): *AAS* 64 (1972), pp. 237-241.

temporal e se identificasse, em última análise, com as aspirações, com as esperanças, com as diligências e com os combates temporais; mas sim uma salvação que ultrapassa todos estes limites, para vir a ter a sua plena realização numa comunhão com o único Absoluto, que é o de Deus: salvação transcendente e escatológica, que ja tem certamente o seu começo nesta vida, mas que terá realização completa na eternidade.

Sob o sinal da esperança

28. Por conseguinte, a evangelização não pode deixar de comportar o anúncio profético do além, vocação profunda e definitiva do homem, ao mesmo tempo em continuidade e em descontinuidade com a sua situação presente: para além do tempo e da história, para além da realidade deste mundo cujo cenário passa, e das coisas deste mundo de que um dia se manifestará uma dimensão escondida; para além do próprio homem, cujo destino verdadeiro não se limita à sua aparência temporal, mas que virá também ele a ser revelado na vida futura.[58] A evangelização contém, pois, também a pregação da esperança nas promessas feitas por Deus na Nova Aliança em Jesus Cristo: a pregação do amor de Deus para conos-

58. Cf. 1Jo 3,2; Rm 8,29; Fl 3,20-21. Cf. II Conc. Ecum. do Vaticano, Const. dogmática sobre a Igreja, *Lumen Gentium,* nn. 48-51: *AAS* 57 (1965), pp. 53-58.

co e do nosso amor a Deus, a pregação do amor fraterno para com todos os homens — capacidade de doação e de perdão, de renúncia e de ajuda aos irmãos — que promana do amor de Deus e que é o núcleo do Evangelho; a pregação do mistério do mal e da busca ativa do bem. Pregação, igualmente — e esta sempre urgente — da busca do próprio Deus, através da oração, principalmente de adoração e de ação graças, assim como através da comunhão com o sinal visível do encontro com Deus que é a Igreja de Jesus Cristo. Uma tal comunhão exprime-se, por sua vez, mediante a realização dos outros sinais de Cristo vivo e a agir na Igreja, quais são os sacramentos. Viver desta maneira os sacramentos, de maneira a fazer com que a celebração dos mesmos atinja uma verdadeira plenitude, não é de modo algum, como às vezes se pretende, colocar um obstáculo ou aceitar um desvio da evangelização; é antes proporcionar-lhe a sua integridade. Efetivamente, a totalidade da evangelização para além da pregação de uma mensagem, consiste em implantar a Igreja, a qual não existe sem esta respiração, que é a vida sacramental a culminar na Eucaristia.[59]

59. Cf. Sagrada Congregação para a Doutrina da Fé, *Declaração acerca da doutrina católica sobre a Igreja para a defender de alguns erros atuais* (de 24 de junho de 1973): *AAS* 65 (1973), pp. 396-408.

Mensagem que interpela a vida toda

29.   Mas a evangelização não seria completa se ela não tomasse em consideração a interpelação recíproca que se fazem constantemente o Evangelho e a vida concreta, pessoal e social, dos homens. É por isso que a evangelização comporta uma mensagem explícita, adaptada às diversas situações e continuamente atualizada: sobre os direitos e deveres de toda a pessoa humana e sobre a vida familiar, sem a qual o desabrochamento pessoal quase não é possível,[60] sobre a vida em comum na sociedade; sobre a vida internacional, a paz, a justiça e o desenvolvimento; uma mensagem sobremaneira vigorosa nos nossos dias, ainda, sobre a libertação.

Uma mensagem de libertação

30.   São conhecidos os termos em que falaram de tudo isto, no recente Sínodo, numerosos Bispos de todas as partes da terra, sobretudo os do chamado "Terceiro Mundo", com uma acentuação pastoral em que repercutia a voz de milhões de filhos da Igreja que formam esses povos. Povos comprometidos, como bem sabemos, com toda a sua energia no es-

60. Cf. II Conc. Ecum. do Vaticano, Const. pastoral sobre a Igreja no mundo contemporâneo, *Gaudium et Spes,* nn. 47-52: *AAS* 58 (1966), pp. 1067-1074; PAULO VI, Enc. *Humanae Vitae: AAS* 60 (1968), pp. 481-503.

forço e na luta por superar tudo aquilo que os condena a ficarem à margem da vida: carestias, doenças crônicas e endêmicas, analfabetismo, pauperismo, injustiças nas relações internacionais e especialmente nos intercâmbios comerciais, situações de neo-colonialismo econômico e cultural, por vezes tão cruel como o velho colonialismo político. A Igreja, repetiram-no os Bispos, tem o dever de anunciar a libertação de milhões de seres humanos, sendo muitos destes seus filhos espirituais; o dever de ajudar uma tal libertação nos seus começos, de dar testemunho em favor dela e de envidar esforços para que ela chegue a ser total. Isso não é alheio à evangelização.

Necessária ligação com a promoção humana

31. Entre evangelização e promoção humana — desenvolvimento, libertação — existem de fato laços profundos: laços de ordem antropológica, dado que o homem que há de ser evangelizado não é um ser abstrato, mas é sim um ser condicionado pelo conjunto dos problemas sociais e econômicos; laços de ordem teológica, porque não se pode nunca dissociar o plano da criação do plano da redenção, um e outro a abrangerem as situações bem concretas da injustiça que há de ser combatida e da justiça a ser restaurada; laços daquela ordem eminentemente evangélica, qual é a ordem da caridade: como se poderia, realmente, proclamar o mandamento novo sem pro-

mover na justiça e na paz o verdadeiro e o autêntico progresso do homem? Nós próprios tivemos o cuidado de salientar isto mesmo, ao recordar que é impossível aceitar "que a obra da evangelização possa ou deva negligenciar os problemas extremamente graves, agitados sobremaneira hoje em dia, pelo que se refere à justiça, à libertação, ao desenvolvimento e à paz no mundo. Se isso porventura acontecesse, seria ignorar a doutrina do Evangelho sobre o amor para com o próximo que sofre ou se encontra em necessidade".[61]

Pois bem: aquelas mesmas vozes que, com zelo, inteligência e coragem, ventilaram este tema candente, no decorrer do referido Sínodo, com grande alegria nossa forneceram os princípios iluminadores para bem se captar o alcance e o sentido profundo da libertação, conforme ela foi anunciada e realizada por Jesus de Nazaré e conforme a Igreja a apregoa.

Sem confusão nem ambigüidade

32.   Não devemos esconder, entretanto, que numerosos cristãos, generosos e sensíveis perante os problemas dramáticos que se apresentam quanto a este ponto da libertação, ao quererem atuar o empenho da Igreja no esforço de libertação, têm freqüente-

61. PAULO VI, Discurso na abertura da III Assembléia Geral do Sínodo dos Bispos (em 27 de setembro de 1974): *AAS* 66 (1974), p. 562.

mente a tentação de reduzir a sua missão às dimensões de um projeto simplesmente temporal; os seus objetivos a uma visão antropocêntrica; a salvação, de que ela é mensageira e sacramento, a um bem-estar material; a sua atividade — esquecendo todas as preocupações espirituais e religiosas — a iniciativas de ordem política ou social. No entanto, se fosse assim, a Igreja perderia o seu significado próprio. A sua mensagem de libertação já não teria originalidade alguma e ficaria prestes a ser monopolizada e manipulada por sistemas ideológicos e por partidos políticos. Ela já não teria autoridade para anunciar a libertação, como sendo da parte de Deus. Foi por tudo isso que nós quisemos acentuar bem na mesma alocução, quando da abertura da terceira Assembléia Geral do Sínodo, "a necessidade de ser reafirmada claramente a finalidade especificamente religiosa da evangelização. Esta última perderia a sua razão de ser se se apartasse do eixo religioso que a rege: o reino de Deus, antes de toda e qualquer outra coisa, no seu sentido plenamente teológico".[62]

A libertação evangélica

33.   Acerca da libertação que a evangelização anuncia e se esforça por atuar, é necessário dizer antes o seguinte:

62. PAULO VI, Discurso na abertura da III Assembléia Geral do Sínodo dos Bispos (em 27 de setembro de 1974): *AAS* 66 (1974), p. 562.

— ela não pode ser limitada à simples e restrita dimensão econômica, política, social e cultural; mas deve ter em vista o homem todo, integralmente, com todas as suas dimensões, incluindo a sua abertura para o absoluto, mesmo o absoluto de Deus;

— ela anda portanto coligada a uma determinada concepção do homem, a uma antropologia que ela jamais pode sacrificar às exigências de uma estratégia qualquer, ou de uma práxis ou, ainda, de uma eficácia a curto prazo.

Libertação baseada no reino de Deus

34. Assim, ao pregar a libertação e ao associar-se àqueles que operam e sofrem com o sentido de a favorecer, a Igreja não admite circunscrever a sua missão apenas ao campo religioso, como se se desinteressasse dos problemas temporais do homem; mas reafirmando sempre o primado da sua vocação espiritual, ela recusa-se a substituir o anúncio do reino pela proclamação das libertações puramente humanas e afirma mesmo que a sua contribuição para a libertação ficaria incompleta se ela negligenciasse anunciar a salvação em Jesus Cristo.

**Libertação com uma visão
evangélica do homem**

35.   A Igreja relaciona, mas nunca identifica a libertação humana com a salvação em Jesus Cristo, porque ela sabe por revelação, por experiência histórica e por reflexão de fé que nem todas as noções de libertação são forçosamente coerentes e compatíveis com uma visão evangélica do homem, das coisas e dos acontecimentos; e sabe que não basta instaurar a libertação, criar o bem-estar e impulsionar o desenvolvimento, para se poder dizer que o reino de Deus chegou.

Mais ainda: a Igreja tem a firme convicção de que toda a libertação temporal, toda a libertação política — mesmo que ela porventura se esforçasse por encontrar numa ou noutra página do Antigo ou do Novo Testamento a própria justificação, mesmo que ela reclamasse para os seus postulados ideológicos e para as suas normas de ação a autoridade dos dados e das conclusões teológicas e mesmo que ela pretendesse ser a teologia para os dias de hoje — encerra em si mesma o gérmen da sua própria negação e desvia-se do ideal que se propõe, por isso mesmo que as suas motivações profundas não são as da justiça na caridade, e porque o impulso que a arrasta não tem dimensão verdadeiramente espiritual e a sua última finalidade não é a salvação e a beatitude em Deus.

**Libertação que comporta
necessariamente uma conversão**

36.   A Igreja tem certamente como algo importante
e urgente que se construam estruturas mais humanas,
mais justas, mais respeitadoras dos direitos da pessoa, menos opressivas e menos escravizadoras; mas
ela continua consciente de que ainda as melhores
estruturas, ou os sistemas melhor idealizados depressa se tornam desumanos, se as tendências inumanas
do coração do homem não se acharem purificadas,
se não houver uma conversão do coração e do modo
de encarar as coisas naqueles que vivem em tais estruturas ou que as comandam.

Libertação que exclui a violência

37.   A Igreja não pode aceitar a violência, sobretudo a força das armas — de que se perde o domínio,
uma vez desencadeada — e a morte de pessoas sem
discriminação, como caminho para a libertação; ela
sabe, efetivamente, que a violência provoca sempre
a violência e gera irresistivelmente novas formas de
opressão e de escravização, não raro bem mais pesa-
das do que aquelas que ela pretendia eliminar. Dizíamos quando da nossa viagem à Colômbia: "Exorta-
mo-vos a não pôr a vossa confiança na violência,
nem na revolução; tal atitude é contrária ao espírito
cristão e pode também retardar, ao invés de favore-

cer, a elevação social pela qual legitimamente aspirais".[63] E ainda: "Nós devemos reafirmar que a violência não é nem cristã nem evangélica e que as mudanças bruscas ou violentas das estruturas seriam falazes e ineficazes em si mesmas e, por certo, não conformes à dignidade dos povos".[64]

Contribuição específica da Igreja

38. Dito isto, nós nos alegramos de que a Igreja tome uma consciência cada dia mais viva do modo próprio, genuinamente evangélico, que ela tem para colaborar na libertação dos homens. E o que faz ela, então? Ela procura suscitar cada vez mais nos ânimos de numerosos cristãos a generosidade para se dedicarem à libertação dos outros. Ela dá a estes cristãos "libertadores" uma inspiração de fé e uma motivação de amor fraterno, uma doutrina social a que o verdadeiro cristão não pode deixar de estar atento, mas que deve; tomar como base da própria prudência e da própria experiência, a fim de a traduzir concretamente em categorias de ação, de participação e de compromisso. Tudo isso, sem se confundir com atitudes táticas nem com o serviço de um

63. PAULO VI, Discurso aos Agricultores ("Campesinos") da Colômbia (em 23 de agosto de 1968): *AAS* 60 (1968), p. 623.

64. PAULO VI, Discurso no "Dia do Desenvolvimento", em Bogotá (em 23 de agosto de 1968): *AAS* 60 (1968), p. 627; cf. S. AGOSTINHO, *Epístola* 229, 2: *PL* 33, 1020.

sistema político, deve caracterizar a coragem do cristão comprometido. A Igreja esforça-se por inserir sempre a luta cristã em favor da libertação do desígnio global da salvação, que ela própria anuncia.

O que acabamos de recordar aqui emerge por mais de uma vez dos debates do Sínodo. Nós próprio, aliás, também quisemos dedicar a este mesmo tema algumas palavras de esclarecimento na alocução que dirigimos aos Padres sinodais no final da Assembléia.[65]

Todas estas considerações deveriam contribuir, ao menos é de esperar que assim suceda, para evitar a ambigüidade de que se reveste freqüentemente a palavra "libertação", nas ideologias, nos sistemas ou nos grupos políticos. A libertação que a evangelização proclama e prepara é aquela mesma que o próprio Jesus Cristo anunciou e proporcionou aos homens pelo seu sacrifício.

A liberdade religiosa

39.   Desta justa libertação, ligada à evangelização e que visa alcançar o estabelecimento de estruturas que salvaguardem as liberdades humanas, não pode ser separada a necessidade de garantir todos os direi-

65. PAULO VI, Discurso por ocasião do encerramento da III Assembléia Geral do Sínodo dos Bispos (26 de outubro de 1974): *AAS* 66 (1974), p. 637.

tos fundamentais do homem, entre os quais a liberdade religiosa ocupa um lugar de primeira importância. Tivemos ocasião de falar, ainda há pouco, da atualidade deste problema, pondo em relevo que há muitos cristãos, ainda hoje, que vivem sufocados por uma opressão sistemática, pelo fato de serem cristãos, pelo fato de serem católicos! O drama da fidelidade a Cristo e da liberdade de religião, se bem que dissimulado por declarações categóricas em favor dos direitos da pessoa e das relações humanas em sociedade, é um drama que continua!".[66]

66. PAULO VI, Discurso na Audiência geral de 15 de outubro de 1975; cf. *L'Osservatore Romano* de 17 de outubro de 1975, p. 1.

IV
AS VIAS DE EVANGELIZAÇÃO

A busca de meios adaptados

40.   A evidente importância do conteúdo da evangelização não deve esconder a importância das vias e dos meios da mesma evangelização.

Este problema do "como evangelizar" apresenta-se sempre atual, porque as maneiras de o fazer variam em conformidade com as diversas circunstâncias de tempo, de lugar e de cultura, e, por isso mesmo, lançam, de certo modo, um desafio a nossa capacidade de descobrir e de adaptar.

A nós especialmente, Pastores da Igreja, incumbe o cuidado de remodelar com ousadia e com prudência e numa fidelidade total ao seu conteúdo, os processos, tornando-os o mais possível adaptados e eficazes, para comunicar a mensagem evangélica aos homens do nosso tempo. Limitar-nos-emos, nesta reflexão, a recordar algumas vias que, por um motivo ou por outro, se revestem de uma importância fundamental.

O testemunho da vida

41. E antes de mais nada — sem querermos repetir tudo aquilo já recordado anteriormente — é conveniente realçar isto: para a Igreja, o testemunho de uma vida autenticamente cristã, entregue nas mãos de Deus, numa comunhão que nada deverá interromper, e dedicada ao próximo com um zelo sem limites, é o primeiro meio de evangelização. "O homem contemporâneo escuta com melhor boa vontade as testemunhas do que os mestres — dizíamos ainda recentemente a um grupo de leigos — ou então se escuta os mestres, é porque eles são testemunhas."[67] São Pedro exprimia isto mesmo muito bem, quando ele evocava o espetáculo de uma vida pura e respeitável, "para que, se alguns não obedecem à Palavra, venham a ser conquistados sem palavras, pelo procedimento".[68] Será pois, pelo seu comportamento, pela sua vida, que a Igreja há de, antes de mais nada, evangelizar este mundo; ou seja, pelo seu testemunho vivido com fidelidade ao Senhor Jesus, testemunho de pobreza, de desapego e de liberdade frente aos poderes deste mundo; numa palavra, testemunho de santidade.

67. PAULO VI, Discurso aos Membros do "Consilium de Laicis" (em 2 de outubro de 1974): *AAS* 66 (1974), p. 568.

68. Cf. 1Pd 3,1.

Uma pregação viva

42.   Não será nunca demasiado acentuar, além disso, o alcance e a necessidade da pregação. "Como hão de crer naquele de quem não ouviram falar? E como hão de ouvir falar dele, se não houver quem pregue? ... A fé, portanto, vem da pregação, e a pregação é feita por mandato de Cristo".[69] Esta lei, estabelecida outrora pelo Apóstolo Paulo, conserva ainda hoje todo o seu vigor.

Sim: a pregação, a proclamação verbal de uma mensagem, permanece sempre como algo indispensável. Nós sabemos bem que o homem moderno, saturado de discursos, se demonstra muitas vezes cansado de ouvir e, pior ainda, como que imunizado contra a palavra. Conhecemos também as opiniões de numerosos psicólogos e sociólogos, que afirmam ter o homem moderno ultrapassado já a civilização da palavra, que se tornou praticamente ineficaz e inútil; e estar vivendo, hoje em dia, na civilização da imagem. Estes fatos deveriam levar-nos, como é óbvio, a pôr em prática na transmissão da mensagem evangélica os meios modernos criados por esta civilização. Já foram feitos, de resto, esforços muito válidos neste sentido. Nós não temos senão que louvar as iniciativas tomadas e encorajá-las para que se desenvolvam ainda mais. O cansaço que hoje provocam tantos discursos ocos, e a atualidade de muitas

69. Rm 10,14.17.

outras formas de comunicação não devem no entanto diminuir a permanente validade da palavra, nem levar a perder a confiança nela. A palavra continua a ser sempre atual, sobretudo quando ela for portadora da força divina.[70] É por este motivo que permanece também com atualidade o axioma de São Paulo: "A fé vem da pregação":[71] é a Palavra ouvida que leva a acreditar.

Liturgia da Palavra

43. Tal pregação evangelizadora poderá revestir-se de numerosas formas que o zelo inspirará serem recriadas quase até ao infinito. São inumeráveis, realmente, os acontecimentos da vida e as situações humanas que proporcionam a ocasião para um anúncio, discreto mas incisivo, daquilo que o Senhor tem a dizer nessas circunstâncias. Basta ter uma verdadeira sensibilidade espiritual para saber ler nos acontecimentos a mensagem de Deus. Além disso, pelo grande valor que a liturgia renovada pelo último Concílio atribuiu à Liturgia da Palavra, seria um erro não ver na homilia um instrumento valioso e muito adaptado para a evangelização. É preciso, naturalmente, conhecer as exigências e tirar vantagem das possibilidades da homilia, a fim de ela alcançar toda a sua eficácia pastoral. E é sobretudo necessário estar convencido e dedicar-se à mesma homilia com amor.

70. Cf. 1Cor 2,1-5.
71. Rm 10,17.

Esta pregação, singularmente inserida na celebração eucarística, da qual recebe força e vigor particulares, tem certamente um papel especial na evangelização, na medida em que ela exprime a fé profunda do ministro sagrado e em que ela estiver impregnada de amor. Os fiéis congregados para formar uma Igreja pascal, a celebrar a festa do Senhor presente no meio deles, esperam muito desta pregação e dela poderão tirar fruto abundante, contanto que ela seja simples, clara, direta, adaptada, profundamente aderente ao ensinamento evangélico e fiel ao magistério da Igreja, animada por um ardor apostólico equilibrado que lhe advém do seu caráter próprio, cheia de esperança, nutriente para a fé geradora de paz e de unidade. Muitas comunidades paroquiais ou de outro tipo vivem e consolidam-se graças à homilia de cada domingo, quando ela tem as qualidades apontadas.

Acrescentamos ainda que, graças à mesma renovação da liturgia, a celebração eucarística não é o único momento apropriado para a homilia. Esta tem o seu valor e não deve ser descurada na celebração de todos os sacramentos, como também no decorrer das paraliturgias, ou ainda por ocasião de certas assembléias de fiéis. Ela será sempre uma oportunidade privilegiada para comunicar a Palavra do Senhor.

A catequese

44.   Um dos aspectos que não deve ser descuidado na evangelização é a do ensino catequético. A inteligência especialmente a inteligência das crianças e a dos adolescentes, tem necessidade de aprender, mediante um sistemático ensino religioso, os dados fundamentais, o conteúdo vivo da verdade que Deus nos quis transmitir, e que a Igreja procurou exprimir de maneira cada vez mais rica, no decurso da sua história. Depois, que um semelhante ensino deva ser ministrado para educar hábitos de vida religiosa e não para permanecer apenas intelectual, ninguém o negará. É fora de dúvida que o esforço de evangelização poderá tirar um grande proveito deste meio do ensino catequético, feito na igreja, ou nas escolas onde isso é possível, e sempre nos lares cristãos; isso, porém, se os catequistas dispuserem de textos apropriados e atualizados com prudência e com competência, sob a autoridade dos Bispos. Os métodos, obviamente, hão de ser adaptados à idade, à cultura e à capacidade das pessoas, procurando sempre fazer com que elas retenham na memória, na inteligência e no coração, aquelas verdades essenciais que deverão depois impregnar toda a sua vida. Importa sobretudo preparar bons catequistas — catequistas paroquiais, mestres e pais — que se demonstrem cuidadosos em se aperfeiçoar constantemente nesta arte superior, indispensável e exigente do ensino religioso. Além disso, sem minimamente negligenciar, seja

em que aspecto for, a formação religiosa das crianças, verifica-se que as condições do mundo atual tornam cada vez mais urgente o ensino catequético, sob a forma de um catecumenato, para numerosos jovens e adultos que, tocados pela graça, descobrem pouco a pouco o rosto de Cristo e experimentam a necessidade de a ele se entregar.

Utilização dos "mass media"

45.   No nosso século tão marcado pelos "mass media" ou meios de comunicação social, o primeiro anúncio, a catequese ou o aprofundamento ulterior da fé, não podem deixar de se servir destes meios conforme já tivemos ocasião de acentuar.

Postos a serviço do Evangelho, tais meios são suscetíveis de ampliar, quase até ao infinito, o campo para poder ser ouvida a Palavra de Deus e fazem com que a Boa Nova chegue a milhões de pessoas. A Igreja viria a sentir-se culpável diante do seu Senhor, se não lançasse mão destes meios potentes que a inteligência humana torna cada dia mais aperfeiçoados. É servindo-se deles que ela "apregoa sobre os telhados",[72] a mensagem de que é depositária. Neles ela encontra uma versão moderna e eficaz do púlpito. Graças a eles consegue falar às multidões.

72. Cf. Mt 10,27; Lc 12,3.

Entretanto, o uso dos meios de comunicação social para a evangelização comporta uma exigência a ser atendida: é que a mensagem evangélica, através deles, deverá chegar sim às multidões de homens; mas com a capacidade de penetrar na consciência de cada um desses homens, de se depositar nos corações de cada um deles, como se cada um fosse de fato o único, com tudo aquilo que tem de mais singular e pessoal, a atingir com tal mensagem e do qual obter para esta uma adesão, um compromisso realmente pessoal.

Indispensável contato pessoal

46. E é por isso que, ao lado da proclamação geral para todos do Evangelho, uma outra forma da sua transmissão, de pessoa a pessoa, continua a ser válida e importante. O mesmo Senhor a pôs em prática muitas vezes — por exemplo as conversas com Nicodemos, com Zaqueu, com a Samaritana, com Simão, o fariseu, e com outros, o atestam — assim como os apóstolos. E observando bem as coisas, haveria uma outra forma melhor de transmitir o Evangelho, para além da que consiste em comunicar a outrem a sua própria experiência de fé? Importaria, pois, que a urgência de anunciar a Boa Nova às multidões de homens, nunca fizesse esquecer esta forma de anúncio, pela qual a consciência pessoal de um homem é atingida, tocada por uma palavra realmente

extraordinária que ele recebe de outro. Nós não poderíamos dizer nunca e enaltecer bastante todo o bem que fazem os sacerdotes que, através do sacramento da Penitência ou através do diálogo pastoral, se demonstram dispostos a orientar as pessoas pelas sendas do Evangelho, a ajudá-las a se firmarem nos seus esforços, a auxiliá-las a reerguerem-se se porventura caíram, enfim, a assisti-las continuamente, com discernimento e disponibilidade.

O papel dos sacramentos

47. Depois, nunca será demasiado insistir no fato de a evangelização não se esgotar com a pregação ou com o ensino de uma doutrina. A evangelização deve atingir a vida: a vida natural, a que ela confere um sentido novo, graças às perspectivas evangélicas que lhe abre; e a vida sobrenatural, que não é a negação, mas sim a purificação e a elevação da vida natural. Esta vida sobrenatural encontra a expressão viva nos sete sacramentos e na admirável irradiação de graça e de santidade de que eles são fonte.

A evangelização exprime assim toda a sua riqueza, quando ela realiza uma ligação a mais íntima possível, e melhor ainda, uma intercomunicação que nunca se interrompe, entre a Palavra e os sacramentos. Em certo sentido há um equívoco em contrapor, como já algumas vezes se fez, a evangelização à sacramentalização. É bem verdade que uma certa maneira de administrar os sacramentos, sem um apoio sólido na catequese destes mesmos sacramentos e numa catequese global, acabaria por privá-los, em grande parte, da sua eficácia. O papel da evangelização é precisamente o de educar de tal modo para a fé, que esta depois leve cada um dos cristãos a viver — e a não se limitar a receber passivamente, ou a suportar — os sacramentos como eles realmente são, verdadeiros sacramentos da fé.

Religiosidade popular

48.　Neste ponto, tocamos um aspecto da evangelização a que não se pode ser indiferente. Queremos referir-nos àquela realidade que com freqüência vai sendo designada nos nossos dias, com os termos religiosidade popular.

É um fato que, tanto nas regiões onde a Igreja se acha implantada, há séculos, quanto nos lugares onde ela se encontra em vias de implantação, subsistem expressões particulares da busca de Deus e da fé.

Encaradas durante muito tempo como menos puras, algumas vezes desdenhadas, essas expressões assim constituem hoje, mais ou menos por toda parte, o objeto de uma redescoberta. Os Bispos aprofundaram o seu significado, no decorrer do recente Sínodo, com um realismo e um zelo pastoral que merecem destaque.

A religiosidade popular, pode-se dizer, tem sem dúvida as suas limitações. Ela acha-se freqüentemente aberta à penetração de muitas deformações da religião, como sejam, por exemplo, as superstições. Depois, ela permanece com freqüência apenas a um nível de manifestações cultuais, sem expressar ou determinar uma verdadeira adesão de fé. Ela pode, ainda, levar à formação de seitas e pôr em perigo a verdadeira comunidade eclesial.

Se essa religiosidade popular, porém, for bem orientada, sobretudo mediante uma pedagogia da evangelização, ela é algo rico de valores. Assim ela traduz em si tal sede de Deus, que somente os pobres e os simples podem experimentar; ela torna as pessoas capazes a terem expressões de generosidade e predispõe-nas ao sacrifício até ao heroísmo, quando se trata de manifestar a fé; ela comporta um apurado sentido dos atributos profundos de Deus: a paternidade, a providência, a presença amorosa e constante etc. Ela, depois, suscita atitudes interiores que raramente se observam em outros casos no mesmo grau: paciência, sentido da cruz na vida cotidiana, desapego, aceitação dos outros, dedicação, devoção etc. Em virtude desses aspectos, nós a chamamos de bom grado "piedade popular", no sentido religião do povo, em vez de religiosidade.

A caridade pastoral há de ditar, a todos aqueles que o Senhor colocou como chefes de comunidades eclesiais, as normas de procedimento em relação a essa realidade, ao mesmo tempo tão rica e tão vulnerável. Antes de mais, importa ser sensível em relação a ela, saber aperceber-se das suas dimensões interiores e dos seus inegáveis valores, estar disposto a ajudá-la a superar os seus perigos de desvio. Bem orientada, esta religiosidade popular, pode vir a ser cada vez mais, para as nossas massas populares, um verdadeiro encontro com Deus em Jesus Cristo.

V
OS DESTINATÁRIOS
DA EVANGELIZAÇÃO

Destinação universal

49.   As últimas palavras de Jesus no Evangelho de
São Marcos conferem à evangelização, de que o Senhor incumbe os apóstolos, uma universalidade sem
fronteiras: "Ide por todo o mundo e pregai o Evangelho a toda criatura".[73]

Os doze e a primeira geração dos cristãos cap-
taram bem a lição deste texto e de outros semelhan-
tes, e assim, fizeram deles um programa de ação. A
própria perseguição, ao dispersar os apóstolos, con-
tribuiu para a difusão da Palavra e para que se im-
plantasse a Igreja em muitas regiões, ainda as mais
longínquas. A admissão de Paulo nas fileiras dos
apóstolos e o seu carisma de pregador da vinda de
Jesus Cristo aos pagãos — não judeus — acentuou
também essa mesma universalidade.

73. Mc 16,15.

Apesar de todos os obstáculos

50. Ao longo de vinte seculos de história, as gerações cristãs tiveram de enfrentar periodicamente diversos obstáculos que se opuseram a esta missão universal. Por um lado, a tentação da parte dos mesmos evangelizadores, para restringir, sob variados pretextos, o seu campo de atividade missionária. E por outro lado, a resistência muitas vezes humanamente invencível da parte daqueles a quem se dirige o evangelizador. E temos de verificar com mágoa que a obra evangelizadora da Igreja tem sido contrastada, se não mesmo impedida, pelos poderes públicos. Sucede, ainda nos nossos dias, que os anunciadores da Palavra de Deus são privados dos seus direitos, perseguidos, ameaçados e eliminados mesmo, só pelo fato de pregarem Jesus Cristo e o seu Evangelho. No entanto, nós temos confiança de que, apesar destas dolorosas provações, a obra desses apóstolos finalmente não virá a faltar em qualquer região do mundo.

A despeito de tais adversidades, a Igreja reanima-se constantemente com a sua inspiração mais profunda, aquela que lhe provém diretamente do Senhor: por todo o mundo! A toda criatura! Até as extremidades da terra! Ela fez isso, ainda uma vez, no recente Sínodo, como um apelo para não se deter o anúncio evangélico, delimitando-o a um setor da humanidade, ou a uma classe de homens, ou, ainda, a um só tipo de cultura. Alguns exemplos, quanto a este ponto, poderão ser elucidativos.

Primeiro anúncio aos que estão longe

51. Dar a conhecer Jesus Cristo e o seu Evangelho àqueles que os não conhecem, é precisamente, a partir da manhã do Pentecostes, o programa fundamental que a Igreja assumiu como algo recebido do seu Fundador. Todo o Novo Testamento, e de maneira especial os Atos dos Apóstolos, dão testemunho de um momento privilegiado e, de algum modo, exemplar, desse esforço missionário, que viria em seguida a assinalar toda a história da Igreja.

Esse primeiro anúncio de Jesus Cristo a Igreja o realiza por meio de uma atividade complexa e diversificada, que algumas vezes se designa com o nome de "pré-evangelização", mas que, a bem da verdade, já é evangelização, embora em seu período inicial e ainda incompleto. Uma gama quase infinita de meios — a começar da pregação explícita, como é óbvio, mas passando também pela arte, pelos contatos e interesse no campo científico e no campo das pesquisas filosoficas, até ao recurso legítimo aos sentimentos do coração do homem — podem ser postos em prática para se alcançar tal objetivo.

Anúncio ao mundo descristianizado

52. Se é verdade que este primeiro anúncio se destina especialmente àqueles que nunca ouviram a Boa Nova de Jesus e às crianças, é verdade também que

ele se torna cada dia mais necessário — e isto por causa das situações de descristianização freqüentes nos nossos dias — igualmente para multidões de homens que receberam o batismo, mas vivem fora de toda a vida cristã, para as pessoas simples que, embora tendo certo grau de fé, conhecem mal os fundamentos dessa mesma fé, para intelectuais que sentem a falta de um conhecimento de Jesus Cristo sob uma luz diferente daquela dos ensinamentos recebidos na sua infância, e para muitos outros ainda.

As religiões não-cristãs

53. Um tal anúncio destina-se também a porções imensas da humanidade que praticam religiões não-cristãs que a Igreja respeita e estima, porque elas são a expressão viva da alma de vastos grupos humanos. Elas comportam em si mesmas o eco de milênios de procura de Deus, procura incompleta, mas muitas vezes realizada com sinceridade e retidão de coração. Elas possuem um patrimônio impressionante de textos profundamente religiosos; ensinaram gerações de pessoas a orar; e, ainda, acham-se permeadas de inumeráveis "sementes da Palavra"[74] e podem cons-

---

74. Cf. S. JUSTINO, *I Apologia*, 46, 1-4; *Il Apologia*, 7 (8), 1-4; 13, 3-4; *Florilegium Patristicum II*, Bonn 1911, pp. 81, 125, 129, 133; CLEMENTE DE ALEXANDRIA, *Stromata* I, 19, 91-94; *S. Ch.* 30, pp. 117-118; 119-120; II Conc. Ecum. do Vaticano, Decr. sobre a Atividade Missionária da Igreja, *Ad Gentes*, n. 11: *AAS* 58 (1966), p. 960; cf. Const. dogmática sobre a Igreja, *Lumen Gentium*, n. 17: *AAS* 57 (1965), p. 21.

tituir uma autêntica "preparação evangélica",[75] para usarmos a palavra feliz do Concílio Vaticano II, assumida, aliás, de Eusébio de Cesaréia.

Uma situação assim levanta, certamente, problemas complexos e delicados, que é conveniente estudar, à luz da tradição cristã e do magistério da Igreja, de maneira a poder proporcionar aos missionários do presente e do futuro novos horizontes nos seus contatos com as religiões não-cristãs. Nós queremos acentuar, sobretudo hoje, que nem o respeito e a estima para com essas religiões, nem a complexidade dos problemas levantados são para a Igreja um motivo para ela calar, diante dos não-cristãos, o anúncio de Jesus Cristo. Pelo contrário, ela pensa que essas multidões têm o direito de conhecer as riquezas do mistério de Cristo,[76] nas quais nós acreditamos que toda a humanidade pode encontrar, numa plenitude inimaginável, tudo aquilo que ela procura às apalpadelas a respeito de Deus, do homem, do seu destino, da vida, da morte e da verdade. Mesmo perante as expressões religiosas naturais mais merecedoras de estima, a Igreja apóia-se, portanto, sobre o fato de a religião de Jesus, que ela anuncia através da evangelização, pôr o homem objetivamente em relação com o plano de Deus, com a sua presença viva e com a sua ação: ela leva-o, assim, a encontrar

75. EUSÉBIO DE CESARÉIA, *Praeparatio evangelica,* 1, 1: *PG* 21, 28; cf. II Conc. Ecum. do Vaticano, Const. dogmática sobre a Igreja, *Lumen Gentium,* n. 16: *AAS* 57 (1965), p. 20.

76. Cf. Ef 3,8.

o mistério da paternidade divina que se debruça sobre a humanidade; por outras palavras, a nossa religião instaura efetivamente uma relação autêntica e viva com Deus, que as outras religiões não conseguem estabelecer, se bem que elas tenham, por assim dizer, os seus braços estendidos para o céu.

É por isso que a Igreja conserva bem vivo o seu espírito missionário e deseja mesmo que ele se intensifique neste momento histórico que nos foi dado viver. Ela sente-se responsável perante povos inteiros. Não descansa enquanto não tiver feito o melhor para proclamar a Boa Nova de Jesus Salvador. Ela prepara continuamente novas gerações de apóstolos. E verificamos com alegria tudo isso, numa altura em que não falta quem pense e mesmo quem diga que o ardor e o espírito apostólico se esgotaram, e que a época para enviar missionários já passou. O Sínodo, em 1974, deu uma resposta a isso, ao dizer que o anúncio missionário não se esgota e que a Igreja estará sempre aberta a realizar esse mesmo anúncio.

Sustentáculo da fé dos fiéis

54.   Entretanto, a Igreja não se sente dispensada de prestar uma atenção diligente, de igual modo, àqueles que receberam a fé e que, muitas vezes passadas algumas gerações, voltam a ter contato com o Evangelho. Ela procura desta maneira aprofundar, consolidar, alimentar e tornar cada dia mais amadurecida a

fé daqueles que se dizem já fiéis ou crentes, a fim de que o sejam cada vez mais.

Esta fé, hoje confrontada com o secularismo, ou antes, podemos mesmo dizer, com o ateísmo militante, é quase sempre uma fé exposta a provações e ameaçada, e mais ainda, uma fé assediada e combatida. Ela corre o risco de morrer de asfixia ou de inanição, se não for alimentada e amparada todos os dias. Evangelizar há de ser, muito freqüentemente, comunicar à fé dos fiéis — em particular, mediante uma catequese rica de substância evangélica e servida por uma linguagem adaptada ao tempo e às pessoas — esse alimento e esse amparo de que ela precisa.

A Igreja católica mantém igualmente uma viva solicitude em relação aos cristãos que não estão em plena comunhão com ela: se bem que se ache já empenhada em preparar juntamente com eles a unidade querida por Cristo, e precisamente em vista de realizar a unidade na verdade, ela tem a consciência de que faltaria gravemente ao seu dever, se não desse testemunho, também junto deles, da plenitude da revelação de que ela conserva o depósito.

Não-crentes

55.   Significativa é também aquela preocupação, que esteve presente no Sínodo e diz respeito a duas esferas, muito diferentes uma da outra e, no entanto,

muito aproximadas por aquele desafio que, cada uma a seu modo, lança à evangelização.

A primeira dessas esferas é aquilo que se pode chamar o crescer da incredulidade no mundo moderno. O mesmo Sínodo aplicou-se a descrever este mundo moderno: sob tal nome genérico, quantas correntes de pensamento, quantos valores e contravalores, quantas aspirações latentes, quantos gérmens de destruição, quantas convicções antigas desaparecem e quantas outras convicções novas se impõem! Sob o ponto de vista espiritual, este mundo moderno parece que continua a debater-se sempre com aquilo que um autor dos nossos dias chamava "o drama do humanismo ateu".[77]

Por um lado, se é obrigado a verificar no âmago deste mesmo mundo contemporâneo o fenômeno que se torna quase a sua nota mais surpreendente: o secularismo. Nós não falamos da *secularização,* que é o esforço — em si mesmo justo e legítimo, e não absolutamente incompatível com a fé ou com a religião — para, descobrir na criação, em cada coisa ou em cada acontecimento do universo, as leis que os regem com certa autonomia, com a convicção interior de que o Criador ai pôs tais leis. Quanto a este ponto, o recente Concílio reafirmou a autonomia legítima da cultura e particularmente das ciências.[78]

77. Cf. HENRI DE LUBAC, *Le drame de l'humanisme athée,* Ed. Spes, Paris 1945.

78. Cf. Const. Pastoral sobre a Igreja no mundo contemporâneo, *Gaudium et Spes,* n. 59: *AAS* 58 (1966), p. 1080.

Aqui, temos em vista um verdadeiro secularismo: uma concepção do mundo, segundo a qual esse mundo se explicaria por si mesmo, sem ser necessário recorrer a Deus; de tal sorte que Deus se tornou supérfluo e embaraçante. Um secularismo deste gênero, para reconhecer o poder do homem, acaba por privar-se de Deus e mesmo por renegá-lo.

Daqui parecem derivar novas formas de ateísmo: um ateísmo antropocêntrico, que já não é abstrato e metafísico, mas sim pragmático, programático e militante. Em conexão com este secularismo ateu, propõem-se-nos todos os dias, sob as formas mais diversas, uma civilização de consumo, o hedonismo erigido em valor supremo, uma ambição de poder e de predomínio, discriminações de todo gênero, enfim, uma série de coisas que são outras tantas tendências inumanas desse "humanismo".

Por outro lado e paradoxalmente, neste mesmo mundo moderno não se pode negar a existência de verdadeiras pedras de junção cristãs, valores cristãos pelo menos sob a forma de um vazio ou de uma nostalgia. Não seria exagero falar de um potente e trágico apelo para ser evangelizado.

Não-praticantes

56.   Uma segunda esfera é a dos não-praticantes: hoje, um bom número de batizados que, em larga medida, nunca renegaram formalmente o próprio ba-

tismo, mas que se acham totalmente à margem do mesmo e que não o vivem. O fenômeno dos não-praticantes é muito antigo na história do cristianismo e anda ligado a uma fraqueza natural, a uma incoerência profunda que nós, por nosso mal, trazemos no fundo de nós mesmos. No entanto, nos tempos atuais, ele apresenta caraterísticas novas e explica-se freqüentemente pelos desenraizamentos típicos da nossa época. Ele nasce também do fato de os cristãos hoje viverem lado a lado com os não-crentes e de receberem constantemente o contra-choque da incredulidade. Além disso, os não-praticantes contemporâneos, mais do que os de outras épocas, procuram explicar e justificar a própria posição em nome de uma religião interior, da autonomia ou da autenticidade pessoal.

Ateus e incrédulos por um lado, e não praticantes por outro, opõem, assim, resistências à evangelização que não são para menosprezar. Os primeiros, a resistência de uma certa recusa, a incapacidade para aceitar a nova ordem das coisas, o sentido novo do mundo, da vida, da história, que não é possível se não se parte do Absoluto de Deus. Os segundos, a resistência da inércia, a atitude um tanto hostil da parte de alguns que se sentem de casa, que afirmam já saber tudo, já haver experimentado tudo e já não acreditarem em nada.

Secularismo ateu e ausência de prática religiosa encontram-se entre os adultos e entre os jovens, nas elites e nas massas, em todos os setores culturais, no seio das antigas e das jovens Igrejas. A ação evangelizadora da Igreja, que não pode ignorar estes dois mundos nem ficar parada diante deles, tem de procurar constantemente os meios e a linguagem adequados para lhes propor a revelação de Deus e a fé em Jesus Cristo.

No coração das massas

57. Como Cristo durante o tempo da sua pregação, como os doze na manhã do Pentecostes, também a Igreja vê diante de si uma imensa multidão humana que precisa do Evangelho e a ele tem direito, uma vez que Deus "quer que todos se salvem e cheguem ao conhecimento da verdade".[79]

Consciente do seu dever de pregar a todos a salvação e sabendo que a mensagem evangélica não é reservada a um pequeno grupo de iniciados, de privilegiados ou de eleitos, mas destinada a todos, a Igreja assume como sua própria a angústia de Cristo diante das multidões errantes e prostradas "como ovelhas sem pastor" e repete muitas vezes a sua mesma palavra: "Tenho compaixão desta multidão".[80] Mas a Igreja, entretanto, também está consciente de que, para a aficácia da pregação evangélica no coração das massas, ela deve dirigir a sua mensagem a comunidades de fiéis cuja ação, por sua vez, pode e deve atingir outros.

79. 1Tm 2,4.
80. Mt 9, 36; 15,32.

Comunidades eclesiais de base

58. O Sínodo ocupou-se largamente destas "pequenas comunidades" ou "comunidades de base", dado que, na Igreja de hoje, elas são freqüentemente mencionadas. O que vêm a ser tais "comunidades" e por que é que elas hão de ser destinatárias especiais da evangelização e ao mesmo tempo evangelizadoras?

Florescentes mais ou menos por toda parte na Igreja, atendo-nos ao que sobre isso se disse em vários testemunhos ouvidos durante as sessões do último Sínodo, essas comunidades diferem bastante entre si, mesmo dentro da mesma região, e, mais ainda, de uma região para outra.

Assim, em algumas regiões, elas brotam e desenvolvem-se, salvo algumas exceções, no interior da Igreja, e são solidárias com a vida da mesma Igreja, alimentadas por sua doutrina, e conservam-se unidas aos seus pastores. Nesses casos, elas nascem da necessidade de viver mais intensamente a vida da Igreja; ou então do desejo e da busca de uma dimensão mais humana do que aquela que as comunidades eclesiais mais amplas dificilmente poderão revestir, sobretudo nas grandes metrópoles urbanas contemporâneas, onde é mais favorecida a vida de massa e o anonimato ao mesmo tempo. Elas poderão muito simplesmente prolongar, a seu modo, no plano espiritual e religioso — culto, aprofundamento da fé, caridade fraterna, oração, comunhão com os Pastores — a pequena comunidade sociológica, a aldeia, ou outras similares. Ou então elas procurarão se congregar para ouvir e meditar a Palavra, para os sacramentos e para o vínculo do ágape, alguns grupos que a idade, a cultura, o estado civil ou a situação social tornam mais ou menos homogêneos, por exemplo casais, jovens, profissionais e outros; ou ainda, pessoas que as circunstâncias fazem com que vivam já reunidas nas lutas pela justiça, pela ajuda aos irmãos pobres, pela promoção humana etc. Ou, finalmente, elas reúnem os cristãos naqueles lugares em que a escassez de sacerdotes não favorece a vida ordinária de uma comunidade paroquial. Tudo isso, porém, é possível no interior de comunidades constituídas da Igreja, sobretudo das Igrejas particulares e das paróquias.

Em outras regiões, ao contrário, agrupam-se comunidades de base com um espírito de crítica acerba em relação à Igreja, que elas estigmatizam muito facilmente como "institucional" e à qual elas se contrapõem como comunidades carismáticas, libertas de estruturas e inspiradas somente no Evangelho. Estas têm, portanto, como sua característica uma evidente atitude de censura e de rejeição em relação às expressões da Igreja, como a sua hierarquia e os seus sinais. Elas contestam radicalmente esta Igreja. Nesta linha, a sua inspiração principal bem depressa se torna ideológica e é raro que elas não sejam muito em breve a presa de uma opção política, de uma corrente e, depois, de um sistema, ou talvez mesmo de um partido, com todos os riscos que isso acarreta de se tornarem instrumentos dos mesmos.

A diferença já é notável: as comunidades que pelo seu espírito de contestação se separam da Igreja, cuja unidade prejudicam, podem muito bem denominar-se "comunidades de base", mas em tais casos há nesta terminologia uma designação puramente sociológica. Elas não poderiam, sem se dar um abuso de linguagem, intitular-se comunidades eclesiais de base, mesmo que elas, sendo hostis à hierarquia, porventura tivessem a pretensão de perseverar na unidade da Igreja. Essa designação pertence às outras, ou seja, àquelas que se reúnem em Igreja, para se unir à Igreja e para fazer aumentar a Igreja.

Estas últimas comunidades, sim, serão um lugar de evangelização, para benefício das comunidades mais amplas, especialmente das Igrejas particulares, e serão uma esperança para a Igreja universal, como nós tivemos ocasião de dizer ao terminar o Sínodo, na medida em que elas:

— procurem o seu alimento na Palavra de Deus e não se deixem enredar pela polarização política ou pelas ideologias que estejam na moda, prestes a explorar o seu imenso potencial humano;

— evitem a tentação sempre ameaçadora da contestação sistemática e do espírito hipercrítico, sob pretexto de autenticidade e de espírito de colaboração;

— permaneçam firmemente ligadas à Igreja local em que se inserem, e à Igreja universal, evitando assim o perigo — por demais real! — de se isolarem em si mesmas, e depois de se crerem a única autêntica Igreja de Cristo e, por conseqüência, perigo de anatematizarem as outras comunidades eclesiais;

— mantenham uma comunhão sincera com os Pastores que o Senhor dá à sua Igreja, e também com o Magistério que o Espírito de Cristo lhes confiou;

— jamais se considerem como o destinatário único ou como o unico agente da evangelização — ou por outra, como o único depositário do Evangelho! —; mas, conscientes de que a Igreja é muito mais vasta e diversificada, aceitem que esta Igreja se encarna de outras maneiras, que não só através delas;

— progridam cada dia na consciência do dever missionário e no zelo, na aplicação e irradiação neste aspecto;

— demonstrem-se em tudo universalistas e nunca sectárias.

Com estas condições, exigentes sem dúvida alguma, mas exaltantes, as comunidades eclesiais de base corresponderão à sua vocação mais fundamental: de ouvintes do Evangelho que lhes é anunciado e de destinatárias privilegiadas da evangelização, elas próprias se tornarão sem demora anunciadoras do Evangelho.

VI

OS AGENTES DA EVANGELIZAÇÃO

A Igreja toda missionária

59. Se há homens que proclamam no mundo o Evangelho da salvação, fazem-no por ordem, em nome e com a graça de Cristo Salvador. "E como hão de pregar, se não forem enviados?"[81] — escrevia aquele que foi, sem dúvida alguma, um dos maiores evangelizadores. Ninguém, pois, pode fazer isso se não for enviado.

Mas, então quem é que tem a missão de evangelizar? O II Concílio do Vaticano respondeu claramente a esta pergunta: "Por mandato divino, incumbe à Igreja o dever de ir por todo o mundo e pregar o Evangelho a toda criatura".[82] E em outro texto o mesmo Concílio diz ainda: "Toda a Igreja é missio-

81. Rm 10,15.
82. Decl. sobre a Liberdade Religiosa, *Dignitatis Humanae,* n. 13: *AAS* 58 (1966), p. 939; Const. dogmática sobre a Igreja, *Lumen Gentium,* n. 5: *AAS* (1965), pp. 7-8; Decr. sobre a Atividade Missionária da Igreja, *Ad Gentes,* n. 1: *AAS* 58 (1966), p. 947.

nária, a obra da evangelização é um dever fundamental do povo de Deus".[83]

Já recordamos esta ligação íntima entre a Igreja e a evangelização. Quando a Igreja anuncia o reino de Deus e o edifica, insere-se a si própria no âmago do mundo, como sinal e instrumento desse reino que já é e que já vem. O mesmo Concílio referiu com acerto, as palavras bem significativas de Santo Agostinho, sobre a ação missionária dos doze: "pregaram a palavra da verdade e geraram as Igrejas".[84]

Um ato eclesial

60.   O fato de a Igreja ser enviada e mandada para a evangelização do mundo, é uma observação que deveria despertar em nós uma dupla convicção.

A primeira é a seguinte: evangelizar não é para quem quer que seja um ato individual e isolado, mas profundamente eclesial. Assim, quando o mais obscuro dos pregadores, dos catequistas ou dos pastores, no rincão mais remoto, prega o Evangelho, reúne a sua pequena comunidade, ou administra um sacramento, mesmo sozinho, ele realiza um ato de Igreja

---

83. Decr. sobre a Atividade Missionária da Igreja, *Ad Gentes,* n. 35: *AAS* 58 (1966), p. 983.

84. S. AGOSTINHO, *Enarrat. in Ps* 44, 23: *C.C.L.* XXXVIII, p. 510; cf. Decr. sobre a Atividade Missionária da Igreja, *Ad Gentes,* n. 1: *AAS* 58 (1966), p. 947.

e o seu gesto está certamente conexo, por relações institucionais, como também por vínculos invisíveis e por raízes recônditas da ordem da graça, à atividade evangelizadora de toda a Igreja. Isto pressupõe, porém, que ele age, não por uma missão pessoal que se atribuísse a si próprio, ou por uma inspiração pessoal, mas em união com a missão da Igreja e em nome da mesma.

Daí a segunda convicção: se cada um evangeliza em nome da Igreja, o que ela mesma faz em virtude de um mandato do Senhor, nenhum evangelizador é o senhor absoluto da sua ação evangelizadora, dotado de um poder discricionário para realizar segundo critérios e perspectivas individualistas tal obra, mas em comunhão com a Igreja e com os seus Pastores.

A Igreja é ela toda inteiramente evangelizadora, como frisamos acima. Ora isso quer dizer que, para o conjunto do mundo e para cada parcela do mundo onde ela se encontra, a Igreja se sente responsável pela missão de difundir o Evan-gelho.

Na perspectiva da Igreja universal

61.   Chegados a este ponto da nossa reflexão, queremos deter-nos um pouco, convosco, Irmãos e Filhos, sobre uma questão particularmente importante nos nossos dias.

Nas suas celebrações litúrgicas, no seu testemunho diante dos juízes e dos carrascos e nos seus escritos apologéticos, os primeiros cristãos exprimiam com convicção a sua fé profunda na Igreja e designavam-na como espalhada por todo o universo. É que eles tinham a consciência plena de fazer parte de uma grande comunidade que nem o espaço nem o tempo poderiam delimitar: "Desde o justo Abel até o último dos eleitos",[85] "até as extremidades da terra",[86] "até o fim do mundo".[87]

Foi assim que o Senhor quis a sua Igreja: universal, uma grande árvore de modo que as aves do céu venham abrigar-se nos seus ramos,[88] rede que recolhe toda espécie de peixes[89] ou que Pedro retira cheia de cento e cinqüenta e três grandes peixes,[90] rebanho que um só pastor apascenta;[91] Igreja universal, sem limites nem fronteiras, a não ser, infelizmente, as do coração e do espírito do homem pecador.

---

85. S. GREGÓRIO MAGNO, *Hom. in Evang.* 19, 1: *PL* 76, 1154.

86. At 1,8; cf. Didaché, 9, 1: Funk, *Patres Apostolici,* 1, 22.

87. Mt 28,20.

88. Cf. Mt 13,32.

89. Cf. Mt 13,47.

90. Cf. Jo 21,11.

91. Cf. Jo 10,1-16.

Perspectiva da Igreja particular

62. Entretanto, esta Igreja universal encarna-se de fato nas Igrejas particulares; e estas são constituídas concretamente por esta ou aquela porção da humanidade, que fala uma determinada linguagem e é tributária de certa herança cultural, de uma visão do mundo, de um passado histórico e, enfim, de um substrato humano específico. A abertura para as riquezas da Igreja particular corresponde a uma sensibilidade especial do homem contemporâneo.

Guardemo-nos bem, no entanto, de conceber a Igreja universal como sendo o somatório, ou, se se preferir dizê-lo, a federação mais ou menos anômala de Igrejas particulares essencialmente diversas. No pensamento do Senhor é a Igreja, universal por vocação e por missão, que, ao lançar as suas raízes na variedade dos terrenos culturais, sociais e humanos, se reveste em cada parte do mundo de aspectos e expressões exteriores diversos.

Assim, toda aquela Igreja particular que se separasse voluntariamente da Igreja universal perderia a sua referência ao desígnio de Deus e se empobreceria na sua dimensão eclesial. Mas, por outro lado, uma Igreja "toto urbe diffusa" (espalhada por todo o mundo) tornar-se-ia uma abstração se ela não tomasse corpo e vida precisamente através das Igrejas particulares. Só uma atenção constante aos dois pólos da Igreja nos permitirá aperceber-nos da riqueza desta relação entre Igreja universal e Igrejas particulares.

Adaptação e fidelidade da linguagem

63. As Igrejas particulares profundamente amalgamadas não apenas com as pessoas, como também com as aspirações, as riquezas e as limitações, as maneiras de orar, de amar, de encarar a vida e o mundo, que caracterizam este ou aquele aglomerado humano, têm o papel de assimilar o essencial da mensagem evangélica, de a transpor, sem a mínima traição à sua verdade essencial, para a linguagem que esses homens compreendam e, em seguida, de a anunciar nessa mesma linguagem.

Uma tal transposição há de ser feita com o discernimento, a seriedade, o respeito e a competência que a matéria exige, no campo das expressões litúrgicas,[92] como de igual modo no que se refere à catequese, à formulação teológica, às estruturas eclesiais secundárias e aos ministérios. E aqui *linguagem* deve ser entendida menos no aspecto semântico ou literário do que naquele aspecto que se pode chamar antropológico e cultural.

O problema é sem dúvida delicado. A evangelização perderia algo da sua força e da sua eficácia se, porventura, não tomasse em consideração o povo concreto a que se dirige, não utilizasse a sua língua,

---

92. Cf. II Conc. Ecum. do Vaticano, Const. sobre a Sagrada Liturgia, *Sacrossanctum Concilium,* nn. 37-38: *AAS* 56 (1964), p. 110. E cf. também os Livros Litúrgicos e os outros Documentos emanados pela Santa Sé para a atuação da reforma litúrgica desejada pelo mesmo Concílio.

os seus sinais e símbolos; depois, não responderia também aos problemas que esse povo apresenta, nem atingiria a sua vida real. De outro lado, a evangelização correria o risco de perder a sua força e de se desvanecer se fosse despojada ou fosse deturpada quanto ao seu conteúdo, sob o pretexto de a traduzir melhor; o mesmo sucederia, se ao querer adaptar uma realidade universal a um espaço determinado, se sacrificasse essa realidade ou se destruísse a unidade, sem a qual já não subsiste a universalidade. Ora, sendo assim, só uma Igreja que conserva a consciência da sua universalidade e demonstra de fato ser universal, pode ter uma mensagem capaz de ser entendida por todos, passando por cima de demarcações regionais.

Uma legítima atenção para com as Igrejas particulares não pode senão vir a enriquecer a Igreja. Tal atenção, aliás, é indispensável e urgente. Ela corresponde às aspirações mais profundas dos povos e das comunidades humanas, a descobrirem cada vez mais a sua fisionomia própria.

Abertura para a Igreja universal

64. Esse enriquecimento, porém, exige que as Igrejas particulares mantenham a sua abertura profunda para a Igreja universal. É bem que seja realçado, de resto, que os cristãos mais simples, mais fiéis ao Evangelho e mais abertos ao verdadeiro sentido da

Igreja, são aqueles que têm uma sensibilidade absolutamente espontânea em relação a esta dimensão universal; eles sentem, instintiva e vigorosamente, a necessidade dela; reconhecem-se nela com facilidade, vibram com ela e sofrem no mais íntimo do seu ser quando, em nome de teorias que eles não compreendem, se vêem constrangidos numa Igreja desprovida dessa universalidade, Igreja regionalista e sem horizontes.

Conforme a história demonstra, aliás, sempre que esta ou aquela Igreja particular, algumas vezes com as melhores intenções e baseando-se em argumentos teológicos, sociológicos, políticos ou pastorais, ou mesmo no desejo de certa liberdade de movimentos ou de ação, se desligou da Igreja universal e do seu centro vivo e visível, essa Igreja só muito dificilmente escapou — se é que escapou — de dois perigos igualmente graves: o perigo, de um lado, do isolacionismo estiolante, e depois, em breve tempo, da desagregação, com cada uma das suas células a separar-se dela, como ela própria se separou do núcleo central; e de outro lado, o perigo de perder a sua liberdade, uma vez que, desligada do centro e das outras Igrejas que lhe comunicavam vigor e energia, ela se veio a encontrar sozinha, à mercê das mais variadas forças de escravização e de exploração.

Quanto mais uma Igreja particular estiver ligada, por vínculos sólidos de comunhão, à Igreja universal — na caridade e na lealdade, na abertura para o magistério de Pedro, na unidade da "lex orandi" (norma da oração), que é também a "lex credendi" (norma para crer), e no cuidado pela unidade com todas as demais Igrejas que compõem a universalidade — tanto mais essa Igreja estará em condições de traduzir o tesouro da fé na legítima variedade das expressões da profissão de fé, da oração e do culto, da vida e do comportamento cristão e do influxo irradiante do povo em que a mesma fé se acha inserida. E, além disso, mais ela será verdadeiramente evangelizadora, ou seja, capaz de ir beber no patrimônio universal para fazer com que dele aproveite esse seu povo; e, depois, capaz de comungar com a Igreja universal a experiência e a vida desse mesmo povo, para benefício de todos.

Inalterável conteúdo da fé

65. Neste sentido, precisamente, houvemos por bem dizer uma palavra clara e repassada de afeto paterno, na altura do encerramento das sessões do Sínodo, insistindo sobre a função do sucessor de São Pedro como princípio visível, vivo e dinâmico da unidade entre as Igrejas e, por conseguinte, da universalidade da única Igreja.[93] Insistíamos também na mesma ocasião na grave responsabilidade que sobre nós incumbe, mas que nós compartilhamos com os nossos Ir-

93. PAULO VI, Discurso por ocasião do encerramento da III Assembléia Geral do Sínodo dos Bispos (em 26 de outubro de 1974): *AAS* 66 (1974), p. 636.

mãos no Episcopado, de manter inalterável o conteúdo da fé católica que o Senhor confiou aos Apóstolos: traduzido em todas as linguagens, este conteúdo nunca há de sofrer amputações ou ser mutilado; mas sim, revestido pelos símbolos próprios de cada povo, explicitado com as expressões teológicas que têm em conta os meios culturais, sociais e até mesmo raciais diversos, ele deve permanecer o conteúdo da fé católica tal como o magistério eclesial o recebeu e o transmite.

Tarefas diversificadas

66.   Toda a Igreja, portanto, é chamada a evangelizar; nela, existem porém, diferentes tarefas evangelizadoras que hão de ser desempenhadas. Tal diversidade de serviços na unidade da mesma missão é que constitui a riqueza e a beleza da evangelização. Passamos a recordar, em breves palavras, essas tarefas.

Queremos, antes de mais nada, assinalar nas páginas do Evangelho o encarecimento com que o Senhor confia aos apóstolos a função de anunciar a Palavra. Ele próprio os escolheu,[94] formou-os durante os diversos anos de convivência,[95] constituiu-os[96] e deu-lhes o mandato[97] para serem testemunhas e

94. Cf. Jo 15,16: Mc 3,13-19; Lc 6,13-16.
95. Cf. At 1,21-22.
96. Cf. Mc 3,14.
97. Cf. Mc 3,14-15; Lc 9,2.

mestres autorizados da mensagem da salvação. E os doze, por sua vez, enviaram os seus sucessores que continuam a pregar a Boa Nova, atendo-se à linha apostólica.

O sucessor de Pedro

67. O sucessor de Pedro é assim, pela vontade de Cristo, encarregado do ministério preeminente de ensinar a verdade revelada. O Novo Testamento apresenta-nos por várias vezes Pedro "cheio do Espírito Santo" a tomar a palavra em nome de todos.[98] E precisamente por isso que São Leão Magno fala dele como sendo aquele que mereceu ter o primado do apostolado.[99] É por isso, ainda, que a voz da Igreja nos mostra o Papa "no vértice — *in apice, in specula* — do apostolado".[100] O Concílio Vaticano II houve por bem reafirmar isso mesmo, quando declarou que " o mandamento de Cristo de pregar o Evangelho a

98. At 4,8; cf. 2,14; 3,12.

99. SÃO LEÃO MAGNO, *Sermo* 69, 3; *Sermo* 70, 1-3; *Sermo* 94, 3; *Sermo* 95, 2: *S. Ch.* 200, pp. 50-52; 58-66; 258-260; 268.

100. Cf. I Conc. Ecum. de Lião, Const. *Ad apostolicae dignitatis: Conciliorum Oecumenicorum Decreta,* Ed. Istituto per le Scienze Religiose, Bolonha 1973, p. 278; Conc. Ecum. de Viena, Const. *Ad providam Christi,* ed. cit., p. 343; V Conc. Ecum. de Latrão, Const. *In apostolici culminis,* ed. cit., p. 608; Const. *Postquam ad universalis,* ed. cit., p. 609; Const. *Supernae dispositionis,* ed. cit., p. 614; Const. *Divina disponente clementia,* ed. cit., p. 638.

toda criatura (cf. Mc 16,15) compete primária e imediatamente aos Bispos, com Pedro e sob Pedro".[101]

O poder pleno, supremo e universal[102] que Cristo confia ao seu Vigário para o governo pastoral da sua Igreja, acha-se, portanto, de modo especial na atividade de pregar e de mandar pregar a Boa Nova da salvação, que o Papa exerce.

Bispos e sacerdotes

68. Unidos ao sucessor de Pedro, os Bispos, sucessores dos apóstolos, recebem pela virtude da ordenação episcopal, a autoridade para ensinar na Igreja a verdade revelada. Eles são os mestres da fé.

Aos Bispos são associados no ministério da evangelização, como responsáveis por um título especial, aqueles que, por fora da ordenação sacerdotal, agem em nome de Cristo,[103] dado que são, enquanto educadores do povo de Deus na fé, pregado-

101. Decr. sobre a Atividade Missionária da Igreja, *Ad Gentes,* n. 38: *AAS* 58 (1966), p. 985.

102. Cf. II Conc. Ecum. do Vaticano, Const. dogmática sobre a Igreja, *Lumen Gentium,* n. 22: *AAS* 57 (1965), p. 26.

103. Cf. II Conc. Ecum. do Vaticano, Const. dogmática sobre a Igreja, *Lumen Gentium,* nn. 10, 37: *AAS* 57 (1965), pp. 14, 43; Decr. sobre a Atividade Missionária da Igreja, *Ad Gentes,* n. 39: *AAS* 58 (1966), p. 986; Decr. sobre o ministério e vida dos Sacerdotes, *Presbyterorum Ordinis,* nn. 2, 12, 13: *AAS* 58 (1966), pp. 992, 1010, 1011.

res, ao mesmo tempo que ministros da eucaristia e dos outros sacramentos.

Todos nós, portanto, enquanto Pastores, somos convidados a tomar consciência, mais do que qualquer outro membro da Igreja, deste dever. Aquilo que constitui a singularidade do nosso serviço sacerdotal, aquilo que dá unidade profunda às mil e uma tarefas que nos solicitam ao longo do dia e da nossa vida, aquilo, enfim, que confere às nossas atividades uma nota específica, é essa finalidade presente em todo o nosso agir: "anunciar o Evangelho de Deus".[104]

Está nisso um traço bem vincado da nossa identidade, que dúvida alguma jamais haveria de fazer desvanecer, que nunca objeção alguma deveria eclipsar. Como Pastores, nós fomos escolhidos pela misericórdia do supremo Pastor,[105] apesar da nossa insuficiência, para proclamar com autoridade a Palavra de Deus, para reunir o povo de Deus que andava disperso, para alimentar este mesmo povo com os sinais da ação de Cristo que são os sacramentos, para o encaminhar para a via da salvação, para o manter naquela unidade de que nós somos, em diferentes planos, instrumentos ativos e vivos, para animar constantemente esta comunidade congregada em torno de Cristo na linha da sua vocação mais íntima. E sempre que nós, na medida das nossas limitações, perfazemos tudo isso, é uma obra de evangelização aquilo que nós de fato realizamos. Nós, como Pastor

104. Cf. 1Ts 2,9.
105. Cf. 1Pd 5,4.

da Igreja universal, os nossos Irmãos Bispos à frente das suas Igrejas particulares e os sacerdotes e diáconos unidos aos seus próprios Bispos, de quem são os colaboradores, por uma comunhão que tem a sua origem no sacramento da ordem e na caridade da Igreja.

Religiosos

69. Os religiosos, por sua vez, têm na sua vida consagrada um meio privilegiado de evangelização eficaz. Pelo mais profundo do seu ser, eles situam-se de fato no dinamismo da Igreja, sequiosa do Absoluto de Deus e chamada à santidade. É dessa santidade que dão testemunho. Eles encarnam a Igreja desejosa de se entregar ao radicalismo das bem-aventuranças. Eles são, enfim, pela sua mesma vida, sinal de uma total disponibilidade para Deus, para a Igreja e para os irmãos. E em tudo isso, portanto, têm os religiosos uma importância especial no quadro de testemunho que, conforme frisamos anteriormente, é primordial na evangelização.

Este seu testemunho silencioso, de pobreza e de despojamento, de pureza e de transparência, de entrega à obediência, pode tornar-se, ao mesmo tempo que uma interpelação para o mundo e para a própria Igreja, uma pregação eloqüente, capaz de tocar o coração mesmo dos não-cristãos de boa vontade, sensíveis a certos valores.

Com uma tal perspectiva, fácil se torna adivinhar o papel desempenhado na evangelização pelos religiosos e pelas religiosas consagrados à oração, ao silêncio, à penitência e o sacrifício. Outros religiosos, em grande número, dedicam-se diretamente ao anúncio de Cristo. A sua ação missionária dependerá, evidentemente, da hierarquia e deve ser coordenada com a pastoral que a mesma hierarquia deseja pôr em prática. Mas, quem é que não avalia a imensa quota-parte com que eles têm contribuído e continuam a contribuir para a evangelização? Graças à sua consagração religiosa, eles são por excelência voluntários e livres para deixar tudo e ir anunciar o Evangelho até as extremidades da terra. Eles são empreendedores, e o seu apostolado é muitas vezes marcado por uma originalidade e por uma feição própria, que lhes granjeiam forçosamente admiração. Depois, eles são generosos: encontram-se com freqüência nos postos de vanguarda da missão e a arrostar com os maiores perigos para a sua saúde e para a sua própria vida. Sim, verdadeiramente a Igreja deve-lhes muito!

Leigos

70. Os leigos, a quem a sua vocação específica coloca no meio do mundo e à frente das mais variadas tarefas na ordem temporal, devem também eles, através disso mesmo, atuar uma singular forma de evangelização.

A sua primeira e imediata tarefa não é a instituição e o desenvolvimento da comunidade eclesial — esse é o papel especifico dos Pastores — mas sim, pôr em prática todas as possibilidades cristãs e evangélicas escondidas, mas já presentes e operantes, nas coisas do mundo. O campo próprio da sua atividade evangelizadora é o mesmo mundo vasto e complicado da política, da realidade social e da economia, como também o da cultura, das ciências e das artes, da vida internacional, dos meios de comunicação e, ainda, outras realidades abertas para a evangelização, como seja, o amor, a família, a educação das crianças e dos adolescentes, o trabalho profissional e o sofrimento. Quanto mais leigos houver impregnados do Evangelho, responsáveis em relação a tais realidades e comprometidos claramente nas mesmas, competentes para as promover e conscientes de que é necessário fazer desabrochar a sua capacidade cristã muitas vezes escondida e asfixiada, tanto mais essas realidades, sem nada perder ou sacrificar do próprio coeficiente humano, mas patenteando uma dimensão transcendente para o além, não raro desconhecida, se virão a encontrar a serviço da edificação do reino de Deus e, por conseguinte, da salvação em Jesus Cristo.

Família

71. No conjunto daquilo que é o apostolado evangelizador dos leigos, não se pode deixar de pôr em realce a ação evangelizadora da família. Nos diversos momentos da história da Igreja, ela mereceu bem a bela designação sancionada pelo Concílio Vaticano II: "Igreja doméstica".[106] Isso quer dizer que, em cada família cristã, deveriam encontrar-se os diversos aspectos da Igreja inteira. Por outras palavras, a família, como a Igreja, tem por dever ser um espaço onde o Evangelho é transmitido e donde o Evangelho se irradia.

No seio de uma família que tem consciência desta missão, todos os membros da mesma família evangelizam e são evangelizados. Os pais, não somente comunicam aos filhos o Evangelho, mas podem receber deles o mesmo Evangelho profundamente vivido. E uma família assim torna-se evangelizadora de muitas outras famílias e do meio ambiente em que ela se insere. Mesmo as famílias surgidas de um matrimônio misto têm o dever de anunciar Cristo à prole, na plenitude das implicações do comum batismo; além disso, incumbe-lhes a tarefa que não é fácil, de se tornarem artífices da unidade.

---

106. Const. dogmática sobre a Igreja, *Lumen Gentium,* n. 11: *AAS* 57 (1965), p. 16; Decr. sobre o Apostolado dos Leigos, *Apostolicam Actuositatem,* n. 11: *AAS* 58 (1966), p. 848; S. JOÃO CRISÓSTOMO, *In Genesim Serm.* VI, 2; VII, 2: *PG* 54, 607-608.

Jovens

72.　As circunstâncias do momento convidam-nos a prestar uma atenção muito especial aos jovens. O seu aumento numérico e a sua crescente presença na sociedade e os problemas que os assediam devem despertar em todos o cuidado de lhes apresentar, com zelo e inteligência, o ideal evangélico, a fim de eles o conhecerem e viverem. Mas, por outro lado, é necessário que os jovens, bem formados na fé e na oração, se tornem cada vez mais os apóstolos da juventude. A Igreja põe grandes esperanças na sua generosa contribuição nesse sentido; e nós próprio, em muitas ocasiões, temos manifestado a plena confianca que nutrimos em relação aos mesmos jovens.

Ministérios diversificados

73.　Assim, a presença ativa dos leigos nas realidades temporais assume toda a sua importância. No entanto, é preciso não descurar ou não deixar no esquecimento outra dimensão: os leigos podem também sentir-se chamados ou vir a ser chamados para colaborar com os próprios Pastores no serviço da comunidade eclesial, para o crescimento e a vida da mesma, pelo exercício dos ministérios muito diversificados, segundo a graça e os carismas que o Senhor houver por bem depositar neles.

Não é sem experimentar intimamente uma grande alegria que nós vemos uma legião de Pastores, religiosos e leigos, apaixonados pela sua missão evangelizadora, a procurarem formas mais adaptadas para anunciar eficazmente o Evangelho; e encorajamos a abertura que, nessa linha e com essa preocupação, a Igreja demonstra ter alcançado nos dias de hoje. Abertura para a reflexão, em primeiro lugar; e depois, abertura para ministérios eclesiais suscetíveis de rejuvenescer e de reforçar o seu próprio dinamismo evangelizador.

É certo que, ao lado dos ministérios ordenados, graças aos quais alguns fiéis são colocados na ordem dos Pastores e passam a consagrar-se de maneira particular ao serviço da comunidade, a Igreja reconhece também o lugar de ministérios não-ordenados, e que são aptos para assegurar um especial serviço à mesma Igreja.

Um relance sobre as origens da Igreja é muito elucidativo e fará com que se beneficie de uma antiga experiência nesta matéria dos ministérios, experiência que se apresenta válida, dado que ela permitiu à Igreja consolidar-se, crescer e expandir-se. O atender assim às fontes, deve ser completado ainda pela atenção às necessidades atuais da humanidade e da mesma Igreja. Ir beber nestas fontes sempre inspiradoras, e nada sacrificar destes valores, mas saber adaptar-se às exigências e às necessidades atuais, constituem a base sobre a qual há de assentar a busca sapiente e o colocar na devida luz os ministérios de que a Igreja precisa e que bom número dos seus membros deverão assumir para uma maior vitalidade da comunidade eclesial.

Tais ministérios virão a ter um verdadeiro valor pastoral na medida em que se estabelecerem com um respeito absoluto da unidade e aproveitando-se da orientação dos Pastores, que são precisamente os responsáveis e os artífices da mesma unidade da Igreja.

Tais ministérios, novos na aparência, mas muito ligados a experiências vividas pela Igreja ao longo da sua existência — por exemplo, os de catequistas, de animadores da oração e do canto, de cristãos devotados ao serviço da Palavra de Deus ou à assistência aos irmãos em necessidade, ou ainda os de líderes de pequenas comunidades, de responsáveis por movimentos apostólicos, ou outros animadores — são preciosos para a implantação, para a vida e para o crescimento da Igreja e para a sua capacidade de irradiar a própria mensagem à sua volta e para aqueles que estão distantes. Nós somos devedores também da nossa estima particular a todos os leigos que aceitam consagrar uma parte do seu tempo, das suas energias e, às vezes, mesmo a sua vida toda a serviço das missões.

Para todos os agentes da evangelização é necessária uma preparação séria; e é necessária de modo muito particular para aqueles que se dedicam ao ministério da Palavra. Animados pela convicção, incessantemente aprofundada, da nobreza e da riqueza da Palavra de Deus, aqueles que têm a missão de a transmitir devem dedicar a maior atenção à dignidade, à precisão e à adaptação da sua linguagem. Todos sabem que a arte de falar se reveste, hoje, de uma grandíssima importância. E como poderiam então os pregadores e os catequistas descurá-la?

Nós auguramos vivamente que, em todas as Igrejas particulares, os Bispos velem pela formação adequada de todos os ministros da Palavra. Essa preparação séria fará aumentar neles a indispensável segurança, como também o entusiasmo para anunciar nos dias de hoje Jesus Cristo.

VII

O ESPÍRITO DA EVANGELIZAÇÃO

Apelo instante

74.   Não quereríamos concluir este colóquio com os nossos Irmãos e Filhos muito amados, sem um veemente apelo, ainda, quanto às disposições interiores que hão de animar os agentes da evangelização.

Em nome do próprio Senhor Jesus Cristo, em nome dos apóstolos Pedro e Paulo, nós exortamos todos aqueles que, graças aos carismas do Espírito Santo e ao mandato da Igreja, são verdadeiros evangelizadores, a demonstrarem-se dignos da própria vocação, a exercitarem-na sem reticências nascidas de dúvidas ou do medo e a não descurarem as condições que hão de tornar essa evangelização, não apenas possível, mas também ativa e frutuosa. Passamos a apontar, entre muitas outras, as condições que julgamos fundamentais e que queremos pôr em realce.

Sob a inspiração do Espírito Santo

75. Nunca será possível haver evangelização sem a ação do Espírito Santo. Sobre Jesus de Nazaré, esse Espírito desceu no momento do batismo, ao mesmo tempo que a voz do Pai — "Este é o meu Filho no qual ponho as minhas complacências"[107] — manifestava de maneira sensível a eleição e a missão do mesmo Jesus.

Depois, foi "conduzido pelo Espírito" que ele viveu no deserto o combate decisivo e superou a última prova antes de começar essa sua missão.[108] Foi "com a potência do Espírito",[109] ainda, que Jesus voltou para a Galiléia e inaugurou a sua pregação, aplicando a si próprio a passagem de Isaías, "o Espírito do Senhor está sobre mim". "Cumpriu-se hoje — acrescentou ele — esta passagem da Escritura".[110] E aos discípulos que estava prestes a enviar, disse soprando ao mesmo tempo sobre eles: "Recebei o Espírito Santo".[111]

Realmente, não foi senão depois da vinda do Espírito Santo, no dia do Pentecostes, que os apóstolos partiram para todas as partes do mundo a fim de começarem a grande obra da evangelização da Igreja; e Pedro explica o acontecimento como sendo a

107. Mt 3,17.
108. Mt 4,1.
109. Lc 4,14.
110. Lc 4,18; cf. Is 61,1.
111. Jo 20,22.

realização da profecia de Joel: "Eu efundirei o meu Espírito".[112] E o mesmo Pedro é cheio do Espírito Santo para falar ao povo acerca de Jesus Filho de Deus.[113] Mais tarde, Paulo, também ele é cheio do Espírito Santo[114] antes de se entregar ao seu ministério apostólico, e do mesmo modo Estevão, quando foi escolhido para a diaconia e algum tempo depois para o testemunho do martírio.[115] O Espírito que impele Pedro, Paulo, ou os doze a falarem inspira-lhes as palavras que eles devem proferir e desce também "sobre todos os que ouviam a sua palavra".[116]

Repleta do "conforto do Espírito Santo", a Igreja "ia crescendo".[117] Ele é a alma desta mesma Igreja. É ele que faz com que os fiéis possam entender os ensinamentos de Jesus e o seu mistério. Ele é aquele que, hoje ainda, como nos inícios da Igreja, age em cada um dos evangelizadores que se deixa possuir e conduzir por ele, e põe na sua boca as palavras que ele sozinho não poderia encontrar, ao mesmo tempo que predispõe a alma daqueles que escutam a fim de a tornar aberta e acolhedora para a Boa Nova e para o reino anunciado.

As técnicas da evangelização são boas, obviamente; mas, ainda as mais aperfeiçoadas não poderi-

112. At 2,17.
113. Cf. At 4,8.
114. Cf. At 9,17.
115. Cf. At 6,5; 7,55.
116. At 10,44.
117. Cf. At 9,31.

am substituir a ação discreta do Espírito Santo. A preparação mais apurada do evangelizador nada faz sem ele. De igual modo, a dialética mais convincente, sem ele, permanece impotente em relação ao espírito dos homens. E, ainda, os mais bem elaborados esquemas com base sociológica e psicológica, sem ele, em breve se demonstram desprovidos de valor.

Nós vivemos na Igreja um momento privilegiado do Espírito. Procura-se por toda parte conhecê-lo melhor, tal como a Escritura o revela. De bom grado as pessoas se colocam sob a sua moção. Fazem-se assembléias em torno dele. Aspira-se, enfim, a deixar-se conduzir por ele. É um fato que o Espírito de Deus tem um lugar eminente em toda a vida da Igreja; mas, é na missão evangelizadora da mesma Igreja que ele mais age. Não foi por puro acaso que a grande renovada para a evangelização sucedeu na manhã do Pentecostes, sob a inspiração do Espírito.

Pode-se dizer que o Espírito Santo é o agente principal da evangelização: é ele, efetivamente que impele para anunciar o Evangelho, como é ele que nos mais íntimo das consciências leva a aceitar a Palavra da salvação.[118] Mas pode-se dizer igualmente que ele é o termo da evangelização: de fato, somente ele suscita a nova criação, a humanidade nova que a evangelização há de ter como objetivo, com a unidade na variedade que a mesma evangelização

118. Cf. II Conc. Ecum. do Vaticano, Decr. sobre a Atividade Missionária da Igreja, *Ad Gentes*, n. 4: *AAS* 58 (1966), pp. 950-951.

intenta promover na comunidade cristã. Através dele, do Espírito Santo, o Evangelho penetra no coração do mundo, porque é ele que faz discernir os sinais dos tempos — os sinais de Deus — que a evangelização descobre e valoriza no interior da história.

O Sínodo dos Bispos de 1974, que insistiu muito sobre a importância do Espírito Santo na evangelização, exprimiu também o voto de que Pastores e teólogos — e nós acrescentaremos ainda os fiéis marcados com o selo do Espírito pelo batismo — estudem melhor a natureza e os modos da ação do Espírito Santo na evangelização, em nossos dias. Fazemos nosso também este voto, ao mesmo tempo que exortamos os evangelizadores, sejam eles quem forem, a pedir sem cessar ao Espírito Santo fé e fervor, bem como a se deixarem prudentemente guiar por ele, qual inspirador decisivo dos seus planos, das suas iniciativas e da sua atividade evangelizadora.

Testemunhas autênticas

76.   Consideramos agora, brevemente, a própria pessoa dos evangelizadores.

Ouve-se repetir, hoje, com freqüência, que este nosso século tem sede de autenticidade. A propósito dos jovens, sobretudo, afirma-se que eles têm horror ao fictício, àquilo que é falso e que procuram, acima de tudo, a verdade e a transparência.

Estes "sinais dos tempos" deveriam encontrarnos vigilantes. Tacitamente ou com grandes brados, sempre porém com grande vigor, eles fazem-nos a pergunta: Acreditais verdadeiramente naquilo que anunciais? Viveis aquilo em que acreditais? Pregais realmente aquilo que viveis?

Mais do que nunca, portanto, o testemunho da vida tornou-se uma condição essencial para a eficácia profunda da pregação. Sob este ângulo, somos, até certo ponto, responsáveis pelo avanço do Evangelho que nós proclamamos.

O que é feito da Igreja passados dez anos após o final do Concílio? — perguntávamos nós, no princípio desta consideração. Acha-se ela radicada no meio do mundo e, não obstante livre e independente para interpelar o mesmo mundo? Testemunha ela solidariedade para com os homens e, ao mesmo tempo, o Absoluto de Deus? É ela hoje mais ardorosa quanto à contemplação e à adoração, e mais zelosa quanto à ação missionária, caritativa e libertadora? Acha-se ela cada vez mais aplicada nos esforços por procurar a recomposição da unidade plena entre os cristãos, que torna mais eficaz o testemunho comum, a fim de que o mundo creia?[119] Todos somos responsáveis pelas respostas que se possam dar a estas interrogações.

Exortamos, pois, os nossos Irmãos no episcopado, constituídos pelo Espírito Santo para governar

119. Jo 17,21.

a Igreja;[120] exortamos os sacerdotes e diáconos, colaboradores dos Bispos no congregar o povo de Deus e na animação espiritual das comunidades locais; exortamos os religiosos, testemunhas de uma Igreja chamada à santidade e, por isso mesmo, convidados eles próprios para uma vida que testemunhe as bem-aventuranças evangélicas; exortamos os leigos, e com estes, as famílias cristãs, os jovens e os adultos, todos os que exercem uma profissão, os dirigentes, sem esquecer os pobres, quantas vezes ricos de fé e de esperança, enfim, todos os leigos conscientes do seu papel evangelizador a serviço da sua Igreja ou no meio da sociedade e do mundo; e a todos nós diremos: É preciso que o nosso zelo evangelizador brote de uma verdadeira santidade de vida, alimentada pela oração e sobretudo pelo amor à eucaristia, e que, conforme o Concílio nos sugere, a pregação, por sua vez, leve o pregador a crescer em santidade.[121]

O mundo que, apesar dos inumeráveis sinais de rejeição de Deus, paradoxalmente, o procura entretanto por caminhos insuspeitados e que dele sente bem dolorosamente a necessidade, o mundo reclama evangelizadores que lhe falem de um Deus que eles conheçam e lhes seja familiar como se eles vissem o invisível.[122] O mundo reclama e espera de nós sim-

120. Cf. At 20,28.

121. Cf. Decr. sobre o ministério e vida dos Sacerdotes, *Presbyterorum Ordinis,* n. 13: *AAS* 58 (1966), p. 1011.

122. Cf. *Hb* 11,27.

plicidade de vida, espírito de oração, caridade para com todos, especialmente para com os pequeninos e os pobres, obediência e humildade, desapego de nós mesmos e renúncia. Sem esta marca de santidade, dificilmente a nossa palavra fará a sua caminhada até atingir o coração do homem dos nossos tempos; ela corre o risco de permanecer vã e infecunda.

Artífices da unidade

77.   A força da evangelização virá a encontrar-se muito diminuída se aqueles que anunciam o Evangelho estiverem divididos entre si, por toda a espécie de rupturas. Não residirá nisso uma das grandes adversidades da evangelização nos dias de hoje? Na realidade, se o Evangelho que nós pregamos se apresenta vulnerado por querelas doutrinais, polarizações ideológicas, ou condenações recíprocas entre cristãos, ao capricho das suas maneiras de ver diferentes acerca de Cristo e acerca da Igreja e mesmo por causa das suas concepções diversas da sociedade e das instituições humanas, como não haveriam aqueles a quem a nossa pregação se dirige vir a encontrar-se perturbados, desorientados, se não escandalizados?

O testamento espiritual do Senhor diz-nos que a unidade entre os fiéis que o seguem, não somente é a prova de que nós somos seus, mas também a prova de que ele foi enviado pelo Pai, critério de credibilidade dos mesmos cristãos e do próprio Cristo.

Como evangelizadores, nós devemos apresentar aos fiéis de Cristo, não já a imagem de homens divididos e separados por litígios que nada edificam, mas sim a imagem de pessoas amadurecidas na fé, capazes de se encontrar para além de tensões que se verifiquem, graças à procura comum, sincera e desinteressada da verdade. Sim, a sorte da evangelização anda sem dúvida ligada ao testemunho de unidade dado pela Igreja. Nisto há de ser vista uma fonte de responsabilidade, como também de reconforto.

Quanto a este ponto, nós quereriamos insistir sobre o sinal da unidade entre todos os cristãos, como via e instrumento da evangelização. A divisão dos cristãos entre si é um estado de fato grave, que chega a afetar a própria obra de Cristo. O Concílio Vaticano II afirma com acerto e com firmeza que ela "prejudica a santíssima causa de pregar o Evangelho a toda criatura e fecha a muitos o acesso à fé".[123] Por isso mesmo, ao proclamar o Ano Santo consideramos necessário recordar a todos os fiéis do mundo católico que "a reconciliação de todos os homens, com Deus, nosso Pai, pressupõe o estabelecimento da comunhão plena entre aqueles que já reconheceram e acolheram, pela fé, Jesus como o Senhor da misericórdia, que liberta todos os homens e os une no Espírito de amor e de verdade".[124]

123. Decr. sobre a Atividade Missionária da Igreja, *Ad Gentes,* n. 6: *AAS* 58 (1966), pp. 954-955; cf. Decr. sobre o Ecumenismo, *Unitatis Redintegratio,* n. 1: *AAS* 57 (1965), pp. 90-91.

124. Bula *Apostolorum Limina,* VII: *AAS* 66 (1974), p. 305.

É com um grande sentimento de esperança que nós vemos os esforços que estão sendo orientados ao mundo cristão para tal recomposição da plena unidade querida por Cristo. E São Paulo assegura-nos que "a esperança não desilude".[125]

Assim, ao mesmo tempo que continuamos trabalhando a fim de obter do Senhor a plena unidade, queremos que se intensifique a oração nesse mesmo sentido. Ademais fazemos nosso o voto dos Padres da terceira Assembléia Geral do Sínodo dos Bispos, isto é, que se colabore com maior empenho com os irmãos cristãos, com os quais não estamos ainda unidos por uma comunhão perfeita, baseando-se sobre o fundamento do batismo e sobre o patrimônio de fé que é de todos, para dar daqui por diante um mais amplo testemunho comum de Cristo diante do mundo. A isso nos impele o mandamento do Cristo, exige-o a obra de pregar e de dar testemunho do Evangelho.

Servidores da verdade

78.   O Evangelho, cujo encargo nos foi confiado, é também palavra da verdade. Uma verdade que torna livres[126] e que é a única coisa que dá a paz do coração, é aquilo que as pessoas vêm procurar quando nós lhes anunciamos a Boa Nova. Verdade sobre

125. Rm 5,5.
126. Cf. Jo 8,32.

Deus, verdade sobre o homem e sobre o seu misterioso destino e verdade sobre o mundo. Difícil verdade que nós procuramos na Palavra de Deus e da qual somos, insistimos ainda, não os árbitros nem os proprietários, mas os depositários, os arautos e os servidores.

Espera-se de todo evangelizador que tenha o culto da verdade, tanto mais que a verdade que ele aprofunda e comunica outra coisa não é senão a verdade revelada; e, por isso mesmo, mais do que qualquer outra, parcela daquela verdade primária que é o próprio Deus. O pregador do Evangelho terá de ser, portanto, alguém que, mesmo à custa da renúncia pessoal e do sofrimento, procura sempre a verdade que há de transmitir aos outros Ele jamais poderá trair ou dissimular a verdade; nem com a preocupação de agradar aos homens, de arrebatar ou de chocar, nem por originalidade ou desejo de aparecer. Ele não há de evitar a verdade e não há de deixar que ela se obscureça pela preguiça de a procurar, por comodidade ou por medo; não negligenciará nunca o estudo da verdade. Mas há de servi-la generosamente, sem a escravizar.

Enquanto Pastores do povo fiel, o nosso serviço pastoral obriga-nos a preservar, defender e comunicar a verdade, sem olhar a sacrifícios. Tantos e tantos Pastores eminentes e santos nos deixaram o exemplo, em muitos casos heróico, deste amor à verdade. E o Deus da verdade espera de nós precisamente que sejamos os defensores vigilantes e pregadores devotados dessa mesma verdade.

Quer sejais doutores, teólogos, exegetas ou historiadores, a obra da evangelização precisa de todos vós, do vosso trabalho infatigável de pesquisa e também da vossa atenção e delicadeza na transmissão da verdade, da qual os vossos estudos vos aproximam, mas que permanece sempre maior do que o coração do homem, porque é a mesma verdade de Deus.

Pais e mestres, a vossa tarefa, que os múltiplos conflitos atuais não tornam fácil, é a de ajudar os vossos filhos e os vossos discípulos na descoberta da verdade, incluindo a verdade religiosa e espiritual.

Animados pelo amor

79. A obra da evangelização pressupõe no evangelizador um amor fraterno, sempre crescente, para com aqueles a quem ele evangeliza. Aquele modelo de evangelizador, o apóstolo Paulo, escrevia aos tessalonicenses estas palavras que são para todos nós um programa: "Pela viva afeição que sentimos por vós, desejávamos comunicar-vos não só a Boa Nova de Deus, mas também a nossa própria vida, tão caros vos tínheis tornado para nós".[127] E de que gênero é essa afeição? Muito maior do que aquela que pode ter um pedagogo, é a afeição de um pai, e mais ainda, a de uma mãe.[128] É uma afeição assim, que o

127. 1Ts 2,8; cf. Fl 1,8.
128. Cf. 1Ts 2,7.11; 1Cor 4,15; Gl 4,19.

Senhor espera de cada pregador do Evangelho e de cada edificador da Igreja.

Será um sinal de amor a preocupação de comunicar a verdade e de introduzir na unidade. Será igualmenbe um sinal de amor devotar-se sem reservas e sem subterfúgios ao anúncio de Jesus Cristo.

E acrescentamos ainda mais alguns outros sinais deste amor. O primeiro é o respeito pela situação religiosa e espiritual das pessoas a quem se evangeliza: respeito pelo seu ritmo que não se tem o direito de forçar para além da justa medida; e respeito pela sua consciência e pelas suas convicções. Elas hão de ser tratadas sem dureza.

Um outro sinal deste amor é a preocupação por não ferir a outro, sobretudo se esse outro é débil na sua fé,[129] com afirmações que podem ser claras para os iniciados, mas para os simples fiéis podem tornar-se fonte de perturbação e de escândalo, como se fosse uma ferida na alma.

Será também um sinal de amor o esforço para transmitir aos cristãos, não dúvidas ou incertezas nascidas de uma erudição mal assimilada, mas certezas sólidas, porque ancoradas na Palavra de Deus. Sim, os fiéis precisam dessas certezas para a sua vida cristã, eles têm mesmo direito a elas, na medida em que são filhos de Deus, que se abandonam inteiramente nos seus braços, às exigências do amor.

129. Cf. 1Cor 8,9-13; Rm 14,15.

Com o fervor dos santos

80.   Outro apelo nosso, aqui neste ponto inspira-se no fervor que se pode observar sempre na vida dos grandes pregadores e evangelizadores, que se consagraram ao apostolado. Entre estes, apraz-nos realçar, particularmente, aqueles que, no decorrer deste Ano Santo, nós tivemos a dita de propor à veneração dos fiéis. Eles souberam superar muitos obstáculos que se opunham à evangelização.

De tais obstáculos, que são também dos nossos tempos, limitar-nos-emos a assinalar a falta de fervor, tanto mais grave por isso mesmo que provém de dentro, do interior de quem a experimenta. Essa falta de fervor manifesta-se no cansaço e na desilusão, na acomodação e no desinteresse e, sobretudo, na falta de alegria e de esperança em numerosos evangelizadores. E assim, nós exortamos todos aqueles que, por qualquer título e em alguma escala, têm a tarefa de evangelizar, a alimentarem sempre o fervor espiritual.[130]

Este fervor exige, antes de mais nada, que nós saibamos banir os álibis que pretendessem opor-se à evangelização. Os mais insidiosos são certamente aqueles para os quais se presume encontrar um apoio neste ou naquele ensinamento do Concílio.

É assim que se ouve dizer, com muita freqüência, sob diversas formas: impor uma verdade, ainda

130. Cf. Rm 12,11.

que seja a verdade do Evangelho, impor um caminho, ainda que seja o da salvação, não pode ser senão uma violência à liberdade religiosa. De resto, acrescenta-se ainda: Para que anunciar o Evangelho, uma vez que todas as pessoas são salvas pela retidão do coração? E sabe-se bem, além disso, que o mundo e a história estão cheios de sementes da Palavra: Não será, pois, uma ilusão pretender levar o Evangelho aonde ele já se encontra, nestas sementes que o próprio Senhor aí lançou?

Quem quer que se dê ao trabalho de aprofundar, nos mesmos documentos conciliares, os problemas em base aos quais esses álibis são formulados, de maneira demasiado superficial, encontrará uma visão totalmente diversa da realidade.

É claro que seria certamente um erro impor qualquer coisa à consciência dos nossos irmãos. Mas propor a essa consciência a verdade evangélica e a salvação em Jesus Cristo, com absoluta clareza e com todo o respeito pelas opções livres que essa consciência fará — e isso, sem pressões coercitivas, sem persuasões desonestas e sem aliciá-la com estímulos menos retos[131] — longe de ser um atentado à liberdade religiosa, é uma homenagem a essa liberdade, à qual é proporcionado escolher um caminho que mesmo os não-crentes reputam nobre e exaltante. Será então um crime contra a liberdade do outro

---

131. Cf. II Conc. Ecum. do Vaticano, Decl. sobre a Liberdade Religiosa, *Dignitatis Humanae*, n. 4: *AAS* 58 (1966), p. 933.

proclamar com alegria uma Boa Nova que se recebeu primeiro, pela misericórdia do Senhor?[132] Ou por que, então, só a mentira e o erro, a degradação e a pornografia, teriam o direito de serem propostos e com insistência, infelizmente, pela propaganda destrutiva dos meios de comunicação, pela tolerância das legislações, pelo acanhamento dos bons e pelo atrevimento dos maus? Esta maneira respeitosa de propor Cristo e o seu reino, mais do que um direito, é um dever do evangelizador. E é também um direito dos homens seus irmãos receber dele o anúncio da Boa Nova da salvação. Esta salvação, Deus pode realizá-la em quem ele quer por vias extraordinárias que somente ele conhece.[133] E entretanto, se o seu Filho veio foi precisamente para nos revelar, por sua palavra e por sua vida, os caminhos ordinários da salvação. E ele ordenou-nos transmitir aos outros essa revelação, com a sua própria autoridade.

Sendo assim, não deixaria de ter a sua utilidade que cada cristão e cada evangelizador aprofundasse na oração este pensamento: os homens poderão salvar-se por outras vias, graças à misericórdia de Deus, se nós não lhes anunciarmos o Evangelho; mas nós, poderemos salvar-nos se, por negligência, por medo ou por vergonha — aquilo que São Paulo chamava exatamente "envergonhar-se do Evangelho"[134] — ou

132. Cf. *Ibidem,* nn. 9-14: 1. c., pp. 935-940.
133. Cf. II Conc. Ecum. do Vaticano, Decr. sobre a Atividade Missionária da Igreja, *Ad Gentes,* n. 7: *AAS* 58 (1966), p. 955.
134. Cf. *Rm* 1,16.

por seguirmos idéias falsas, nos omitirmos de o anunciar? Isso seria, com efeito, trair o apelo de Deus que, pela voz dos ministros do Evangelho, quer fazer germinar a semente; e dependerá de nós que essa semente venha a tornar-se uma árvore e a produzir todo o seu fruto.

Conservemos o fervor do espírito, portanto; conservemos a suave e reconfortante alegria de evangelizar, mesmo quando for preciso semear com lágrimas! Que isto constitua para nós — como para João Batista, para Pedro e para Paulo, para os outros apóstolos e para uma multidão de admiráveis evangelizadores no decurso da história da Igreja — um impulso interior que ninguém nem nada possam extinguir. Que isto constitua, ainda, a grande alegria das nossas vidas consagradas. E que o mundo do nosso tempo que procura, ora na angústia, ora com esperança, possa receber a Boa Nova dos lábios, não de evangelizadores tristes e desencorajados, impacientes ou ansiosos, mas sim de ministros do Evangelho cuja vida irradie fervor, pois foram os que receberam primeiro em si a alegria de Cristo, e são aqueles que aceitaram arriscar a sua própria vida para que o Reino seja anunciado e a Igreja seja implantada no meio do mundo.

CONCLUSÃO

Palavra programática do Ano Santo

81. Este, Irmãos e Filhos, é o brado que nos brota do íntimo do coração, como que um eco da voz dos nossos Irmãos reunidos para a terceira Assembléia Geral do Sínodo dos Bispos. Nele vai a palavra programática que nós quisemos dar-vos, no final de um Ano Santo, que nos permitiu aperceber-nos, mais do que nunca, das necessidades e dos apelos de uma multidão de irmãos, cristãos e não-cristãos, que esperam da Igreja a Palavra da salvação.

Que a luz do Ano Santo que se acendeu nas Igrejas particulares e em Roma para milhões de consciências reconciliadas com Deus, possa continuar a irradiar o Jubileu, através de um programa, de ação pastoral, de que a evangelização é o aspecto fundamental, para estes anos que assinalam a vigília de um novo século e a vigília também do terceiro milênio do cristianismo!

Maria, estrela da evangelização

82. É este o voto que nós temos a alegria de colocar nas vossas mãos e no coração da Santíssima Virgem Maria, a Imaculada, neste dia que lhe é dedicado de maneira especial, e no décimo aniversário do encerramento do Concílio Vaticano II. Na manhã do Pentecostes, ela presidiu na prece ao iniciar-se da evangelização, sob a ação do Espírito Santo: que seja ela a estrela da evangelização sempre renovada, que a Igreja, obediente ao mandato do Senhor, deve promover e realizar, sobretudo nestes tempos difíceis mas cheios de esperança!

Em nome de Cristo, nós vos abençoamos — a vós, as vossas comunidades, as vossas famílias e a todos aqueles que vos são queridos, com aquelas palavras que São Paulo dirigia aos filipenses: "Dou graças ao meu Deus todas as vezes que me recordo de vós, e em todas as minhas orações suplico-o sempre com alegria por todos vós, por causa da vossa cooperação no anúncio do Evangelho... Eu trago-vos no coração; vós todos que,... na defesa e estabelecimento da fé, estais associados na graça que me foi concedida. Sim! Deus me é testemunha da afeição que vos consagro a todos, no coração de Cristo Jesus".[135]

Dado em Roma, junto de São Pedro, no dia 8 de dezembro, solenidade da Imaculada Conceição da Bem-aventurada Virgem Maria, do ano de 1975, décimo terceiro do nosso pontificado.

135. Fl 1,3-4.7-8.

ÍNDICE

Introdução 5

I — De Cristo Evangelizador
    a uma Igreja evangelizadora 11

II — O que é evangelizar? 23

III — O conteúdo da evangelização 33

IV — As vias de evangelização 47

V — Os destinatários da evangelização 59

VI — Os agentes da evangelização 75

VII — O espírito da evangelização 97

Conclusão 115

Rua Dona Inácia Uchoa, 62
04110-020 – São Paulo – SP (Brasil)
Tel.: (11) 2125-3500
paulinas.com.br – editora@paulinas.com.br
Telemarketing e SAC: 0800-7010081